普通高等院校土建类专业"十三五"创新规划教材

建筑工程识图习题集

王子茹　邱冰　张帆　编著

中国建材工业出版社

图书在版编目（CIP）数据

建筑工程识图习题集/王子茹，邱冰，张帆编著.
-- 北京：中国建材工业出版社，2018.6
ISBN 978-7-5160-2056-2

Ⅰ.①建… Ⅱ.①王… ②邱… ③张… Ⅲ.①建筑制图—识图—高等职业教育—习题集 Ⅳ.① TU204-44

中国版本图书馆 CIP 数据核字（2017）第 267715 号

内 容 提 要

本习题集与王子茹、邱冰、张帆编著的《建筑工程识图》教材配套使用，编写顺序与教材内容一致。内容包括：建筑工程图基础知识，房屋建筑施工图，房屋建筑结构施工图，房屋建筑设备施工图。

本习题集是根据教育部工程图学教学指导委员会 2015 年制定的"普通高等院校工程图学课程教学基本要求"，采用最新《技术制图标准》、《房屋建筑制图统一标准》GB/T 50001—2017 等现行有关专业制图标准编写。

本习题集可作为高等院校与基本建设相关学科（工程管理、工程造价、土木工程、测绘工程、装修工程等）专业学生学习建筑工程识图的教材，也可供函授大学、电视大学、职工大学等上述专业使用。本书也适合房屋建筑施工技术人员、管理人员培训或自学使用。

建筑工程识图习题集

王子茹 邱 冰 张 帆 编著

出版发行：中国建材工业出版社
地　　址：北京市海淀区三里河路 1 号
邮　　编：100044
经　　销：全国各地新华书店
印　　刷：北京雁林吉兆印刷有限公司
开　　本：787mm×1092mm　1/16
印　　张：12
字　　数：100 千字
版　　次：2018 年 6 月第 1 版
印　　次：2018 年 6 月第 1 次
定　　价：**38.00 元**

本社网址：www.jccbs.com　　微信公众号：zgjcgycbs
本书如出现印装质量问题，由我社市场营销部负责调换。联系电话：（010）88386906

前 言

本习题集配合教材《建筑工程识图》（王子茹、邱冰、张帆编著，中国建材工业出版社，2018）使用，编排顺序也与教材内容一致。

为了培养学生的空间思维能力，训练学生对图形的阅读与表达能力，习题集的基础知识部分强化了正投影方法的运用。建筑工程图部分的内容，按建筑施工图、结构施工图、设备施工图的顺序编排，采用最新的制图标准绘制。图纸均来自实际工程，基本上反映了一般性民用建筑工程图的内容、图示方法及特点。读者通过这些施工图的阅读练习，能较好地掌握建筑工程识图的能力。习题集有一定的题量，供教师在教学中选用。

本习题集由大连理工大学王子茹、南京林业大学邱冰、张帆编写。

本习题集由大连理工大学眭庆曦教授主审，他提出了宝贵的意见，对此表示诚挚的谢意！

研究生胡新元、李畅为本习题集的绘图、打印书稿做了大量工作，谨表谢意！

承蒙有关设计单位提供资料，也参考了多种国内外同类教材和国家标准，采用了一些图样，在此一并表示感谢。

限于编者的水平，本习题集难免存在不当之处，敬请读者不吝指正。

王子茹

2018 年 5 月

目　录

第1章　建筑工程图基础知识　　/ 1
　1.1　正投影的基本知识　　/ 1
　1.2　点、直线和平面的投影　　/ 10
　1.3　平面立体的投影　　/ 24
　1.4　曲面立体的投影　　/ 34
　1.5　轴测投影　　/ 49
　1.6　剖面图与断面图　　/ 57

第2章　房屋建筑施工图　　/ 61
　2.1　建筑平面图　　/ 61
　2.2　建筑立面图　　/ 64
　2.3　建筑剖面图　　/ 66
　2.4　建筑详图　　/ 67

第3章　房屋建筑结构施工图　　/ 70
　3.1　钢筋混凝土结构图　　/ 70
　3.2　基础图　　/ 76

第4章　房屋建筑设备施工图　　/ 78
　4.1　给水排水施工图　　/ 78
　4.2　采暖施工图　　/ 85
　4.3　建筑电气施工图　　/ 91

参考文献　　/ 94

第1章 建筑工程图基本知识

1.1 正投影的基本知识

1. 根据立体图找出对应的投影图。将其编号填写在括号内。

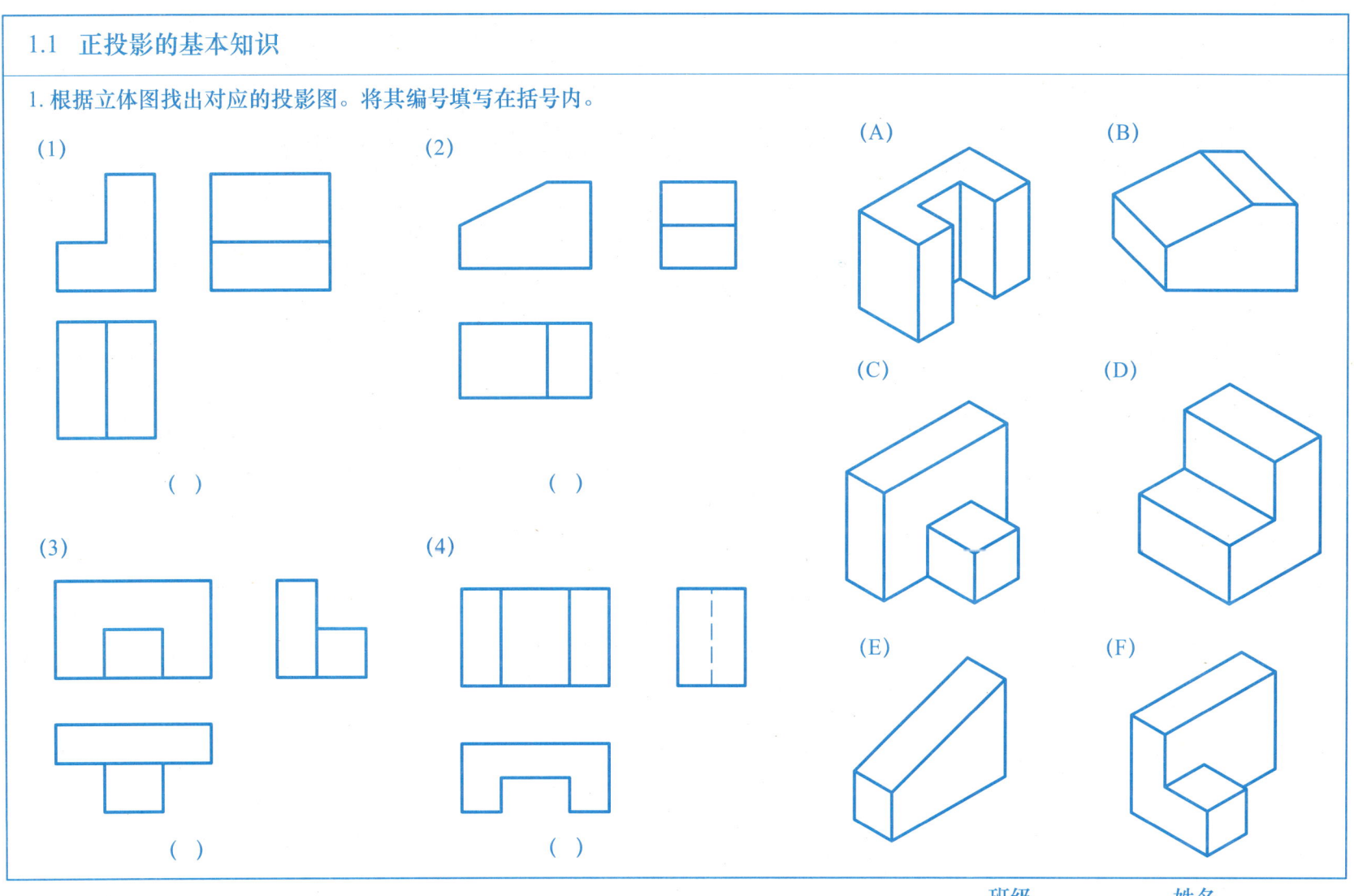

班级　　　　姓名

2.根据立体图画三面投影图（直接在图上量取尺寸）。

(1)

(2)

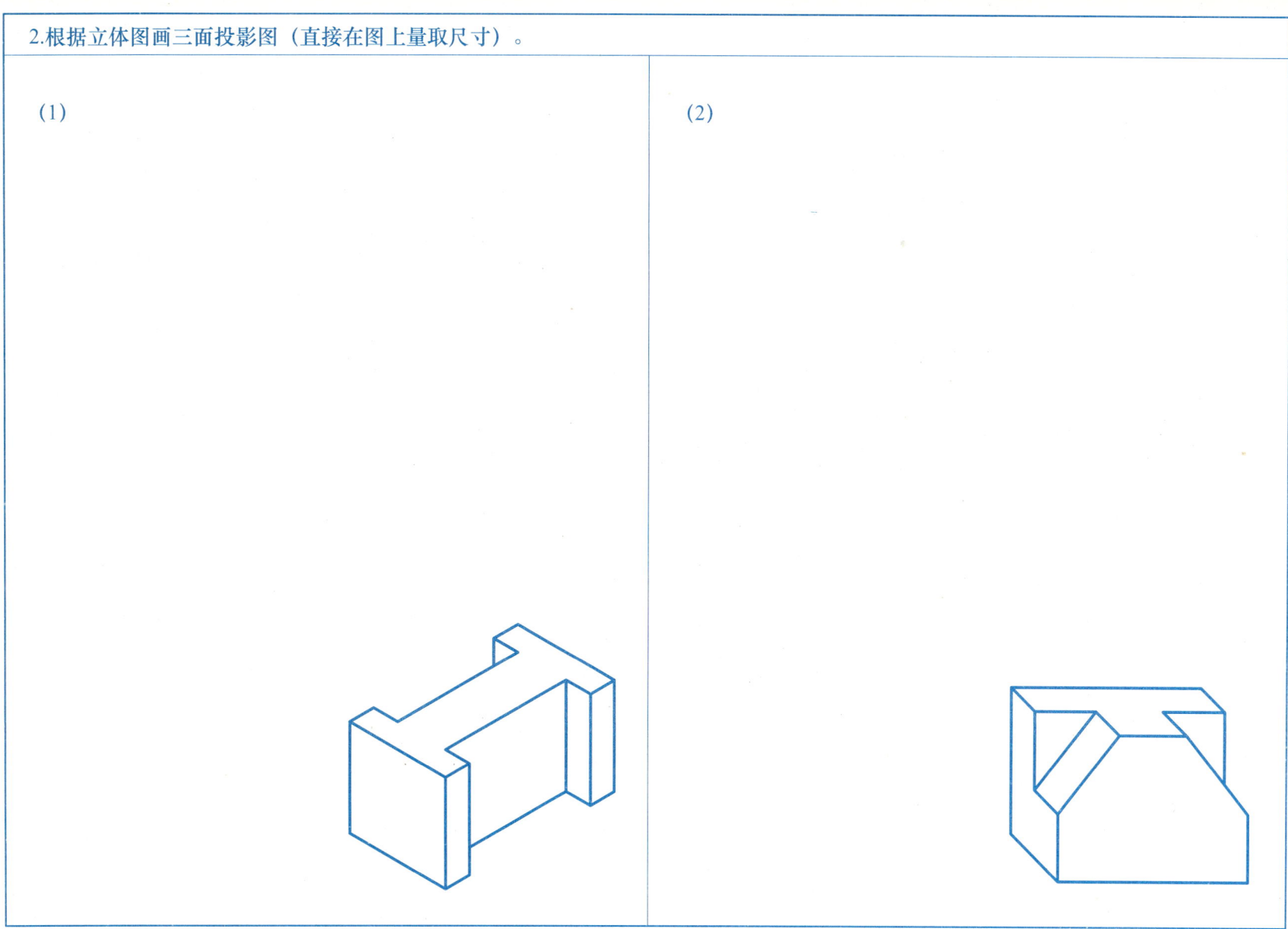

班级　　　　姓名

(3)

(4)

班级　　　姓名

(5)

(6)

班级　　　姓名

(7)

(8)

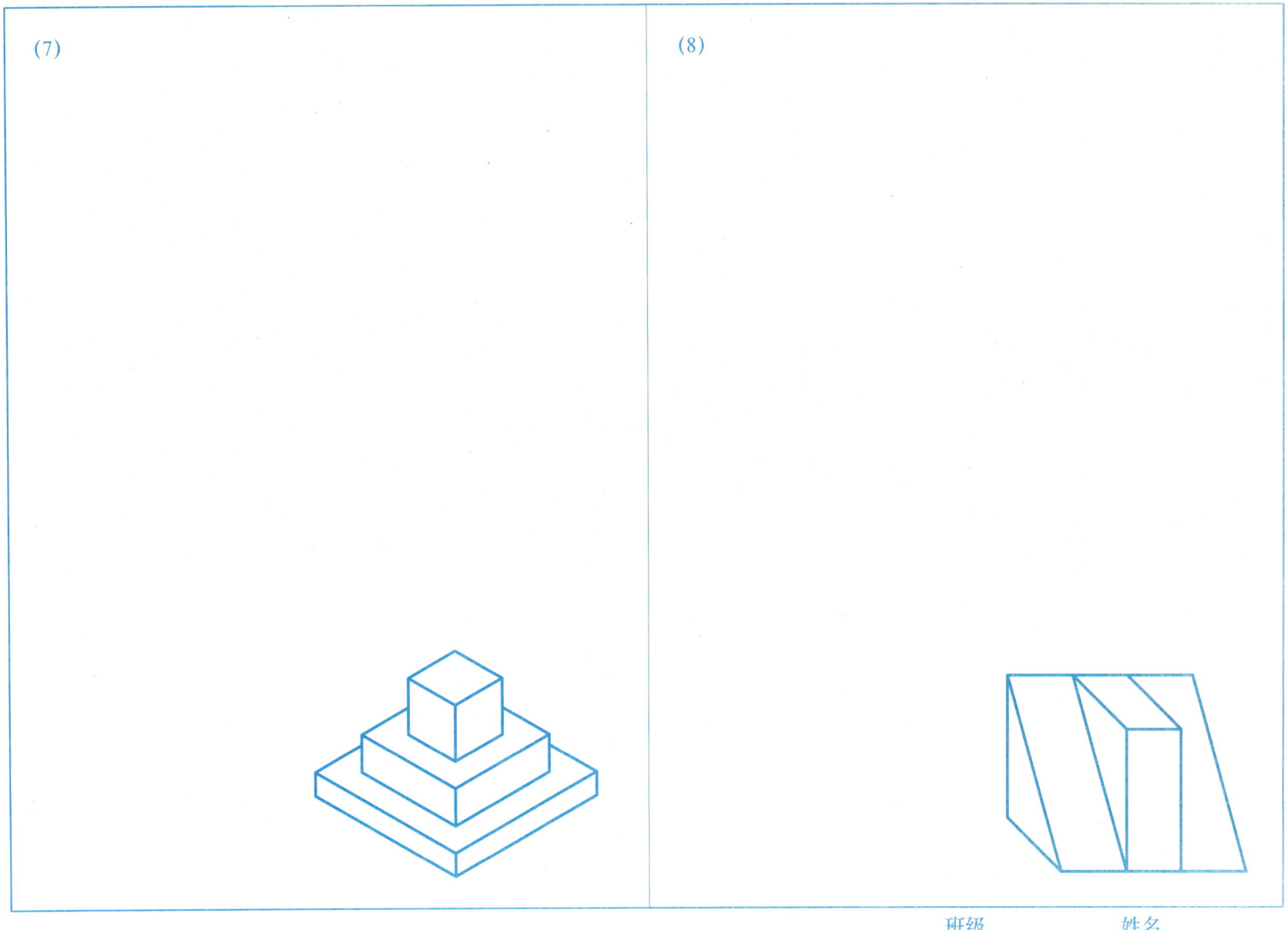

班级　　　姓名

3. 根据形体的三面投影图，想出它们的空间形状。

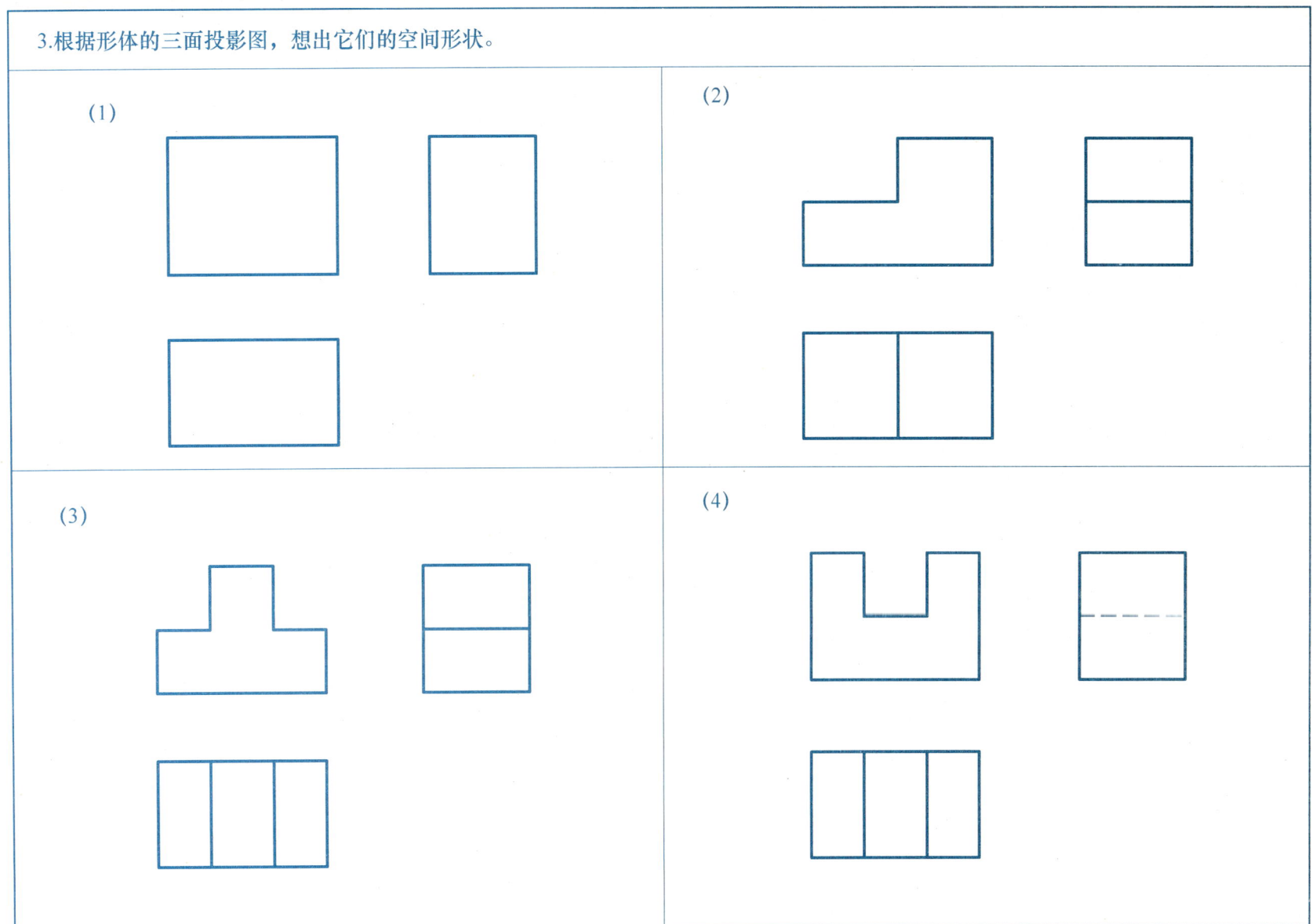

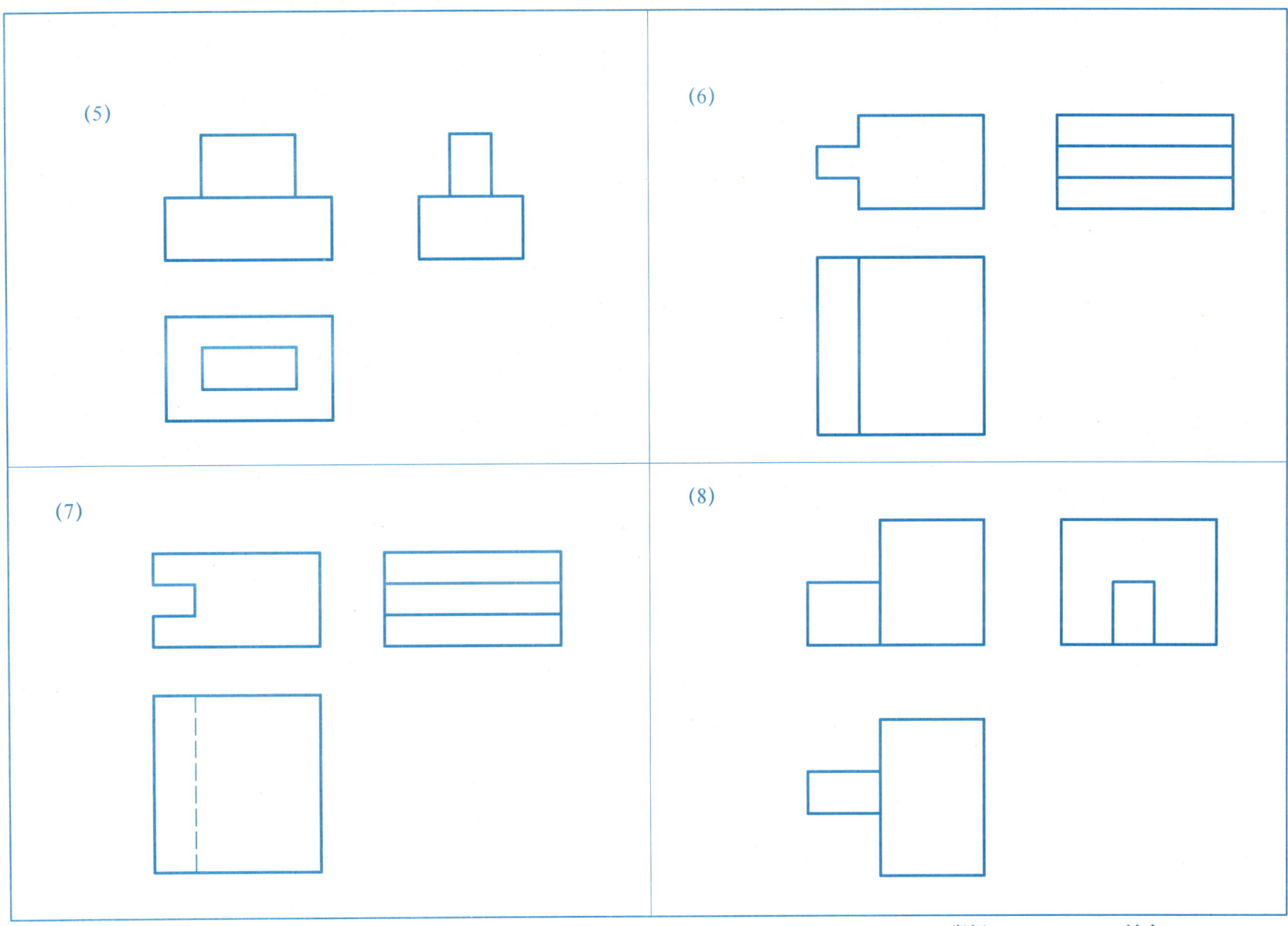

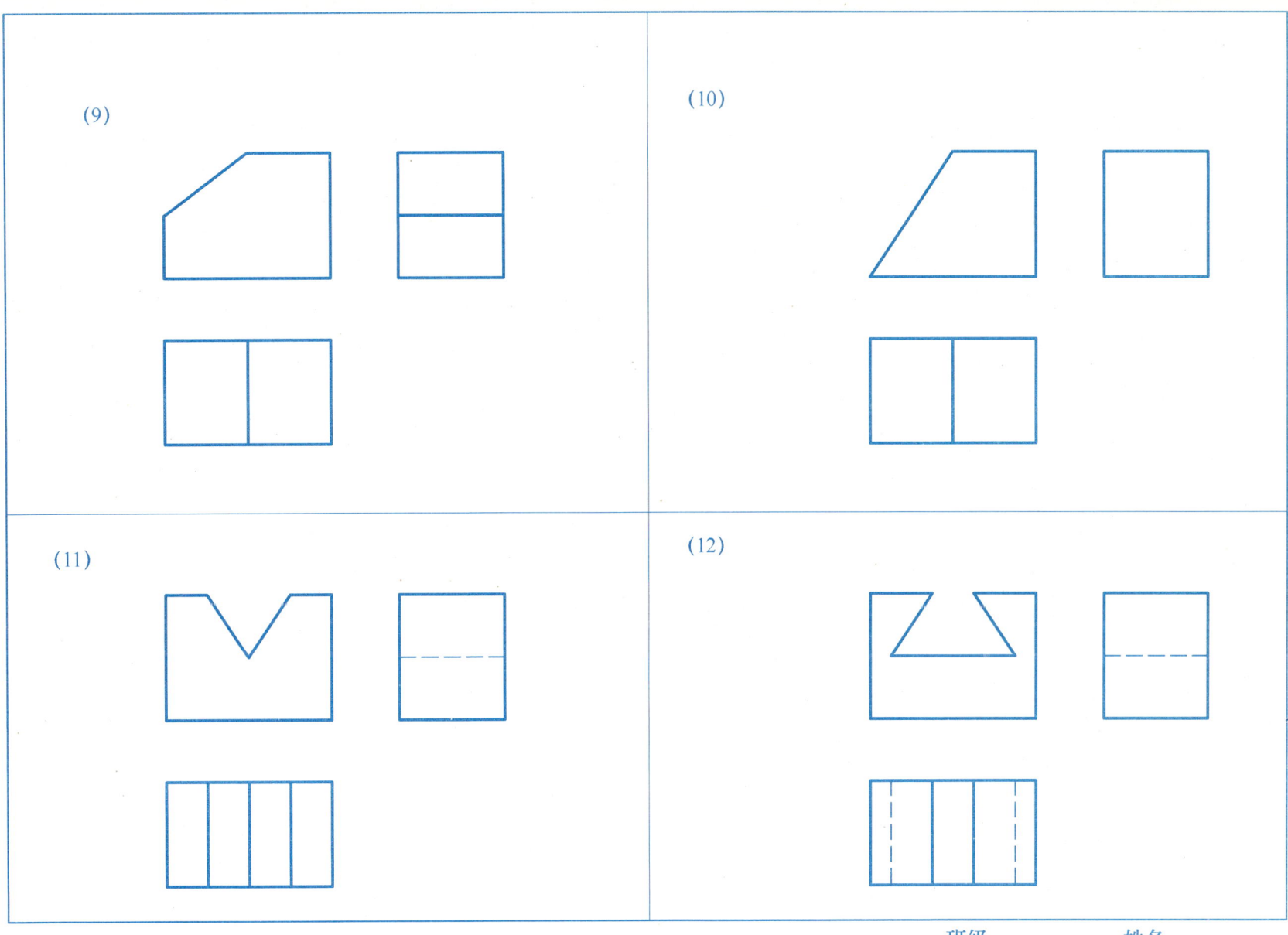

4.根据立体图和已知形体的两面投影图,画出第三投影图。

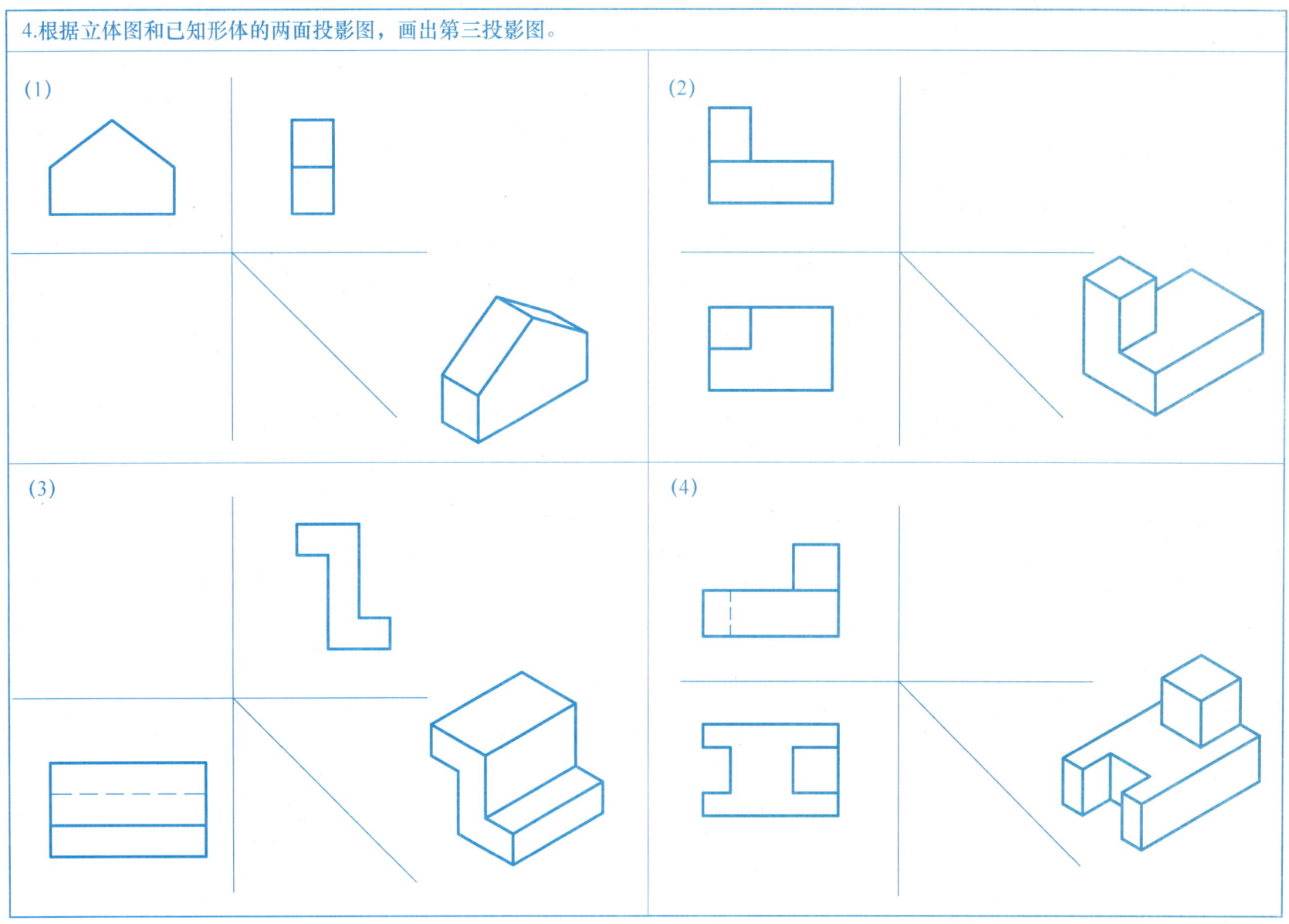

1.2 点、直线和平面的投影　　　　　　　　　　　点的投影

1. 根据点的空间位置，画出点的三面投影（坐标直接从立体图上量取）。

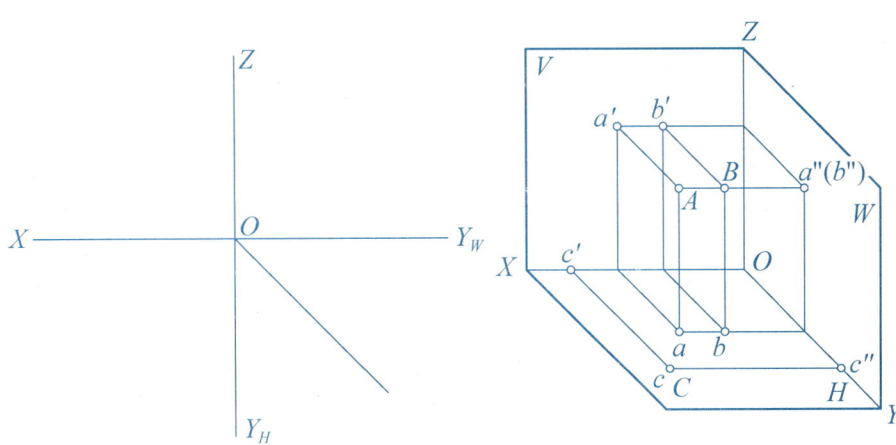

2. 已知点 A (25,15,25) 的坐标，求作三面投影。

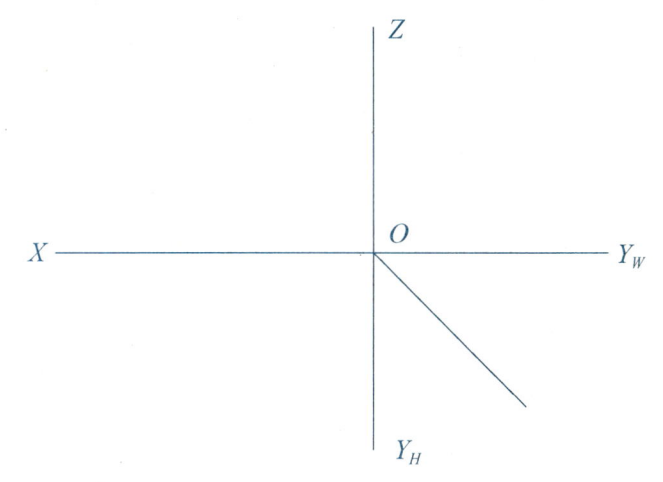

3. 已知点 A、B 的两面投影，求作第三投影。

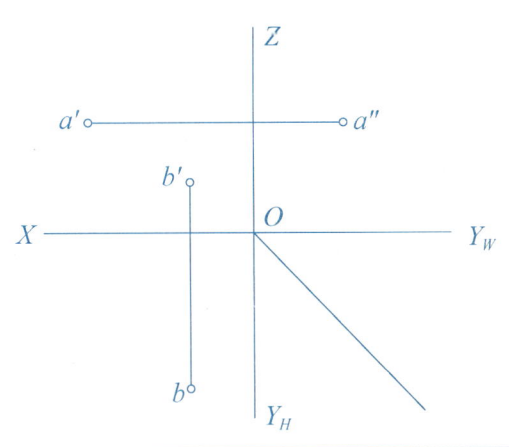

4. 已知点 A (15,15,20) 和点 B (20,0,15) 的坐标，求作第三投影。

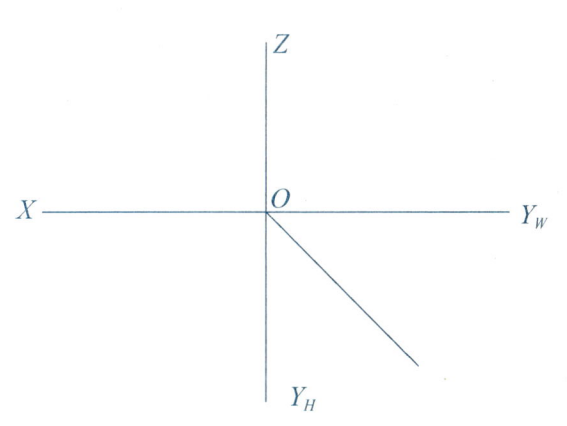

班级　　　姓名

5. 已知点 A（25,0,20）、B（20,15,25）、C（0,0,5）的坐标，求作它们的三面投影及立体图。

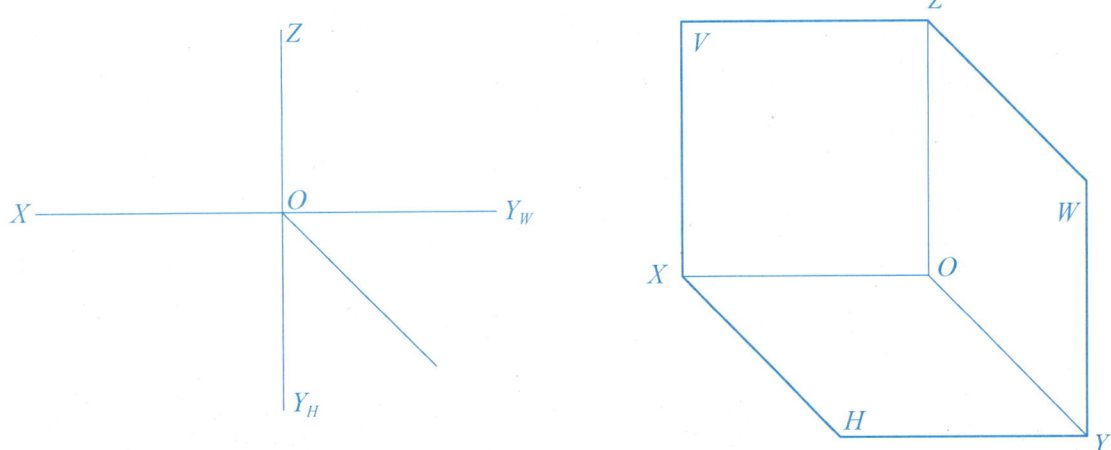

6. 点B在点A左方12mm，下方10mm，前方8mm，求点B的三面投影。

7. 求各点的第三面投影，并判别重影点的可见性。

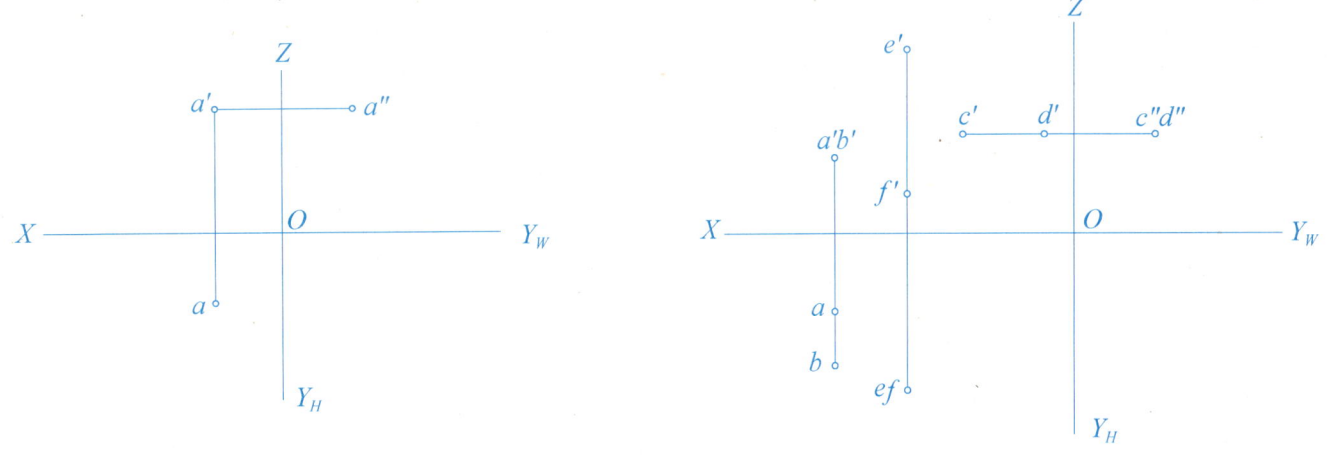

班级　　　　姓名

直线的投影

8. 已知三棱锥四个顶点 S(25,15,10)、A(40,5,0)、B(25,30,0)、C(5,5,0) 的坐标。
(1) 画出四个点的三面投影并两两连线；
(2) 判别棱线 SA、SB、AB、AC 与投影面的相对位置。

9. 在投影图中标出立体图上相应点的三个投影，并判别直线与投影面的相对位置。

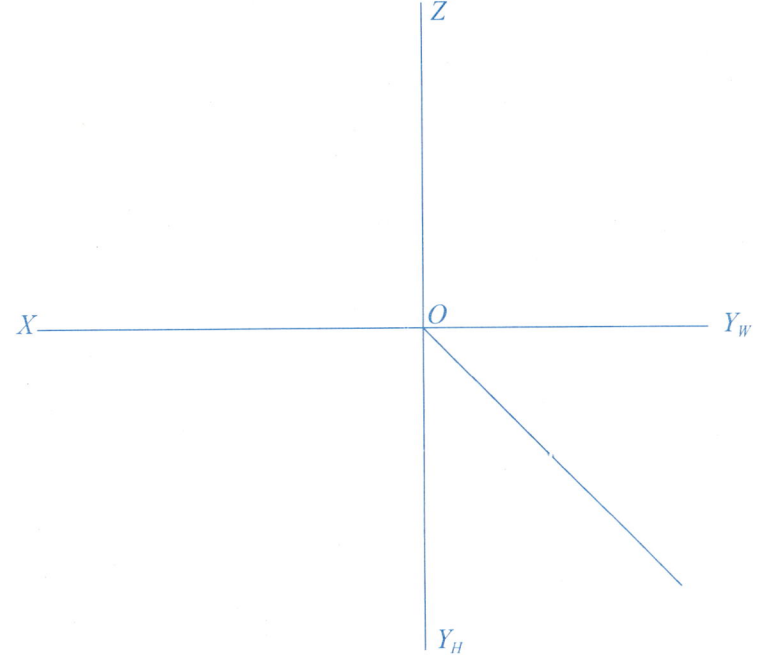

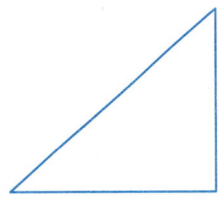 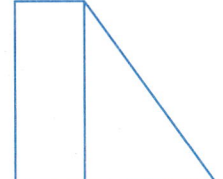

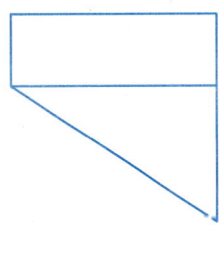 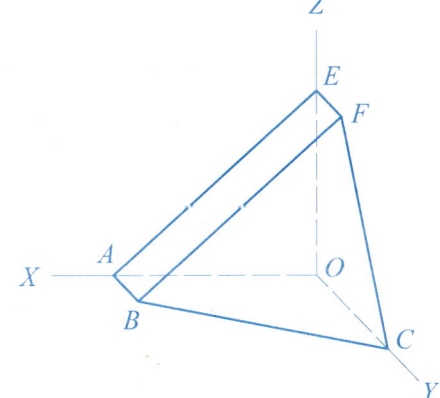

SA 是 _____ 线； SB 是 _____ 线；
AB 是 _____ 线； AC 是 _____ 线。

AE 是 _____ 线； FC 是 _____ 线；
EO 是 _____ 线； AB 是 _____ 线。

10. 已知直线AB两端点的坐标A（25,20,10）、B（10,10，20），试作出直线AB的三面投影，并画出立体图。

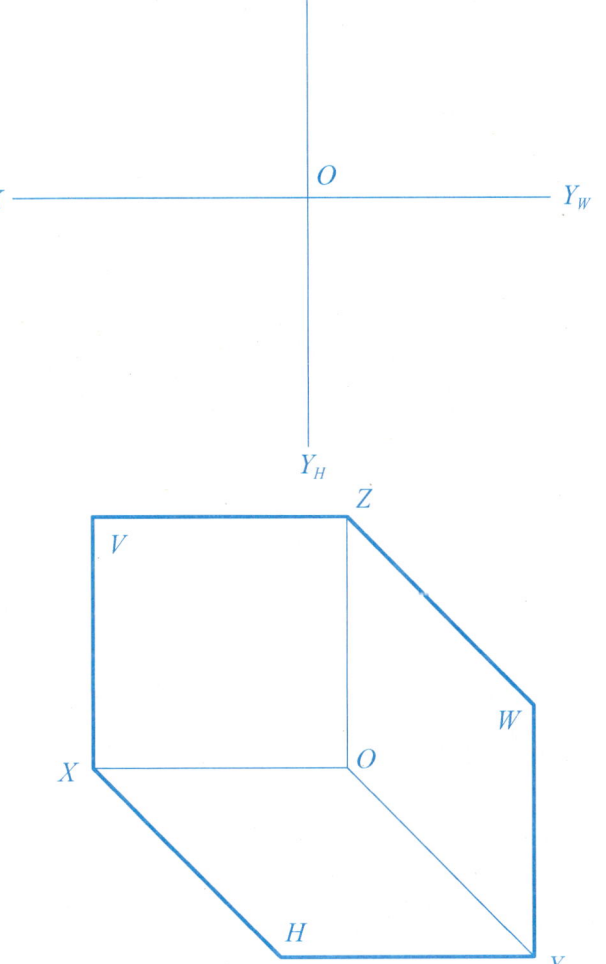

11. 已知点B距H面25mm，求作直线段AB的V面、W面投影。

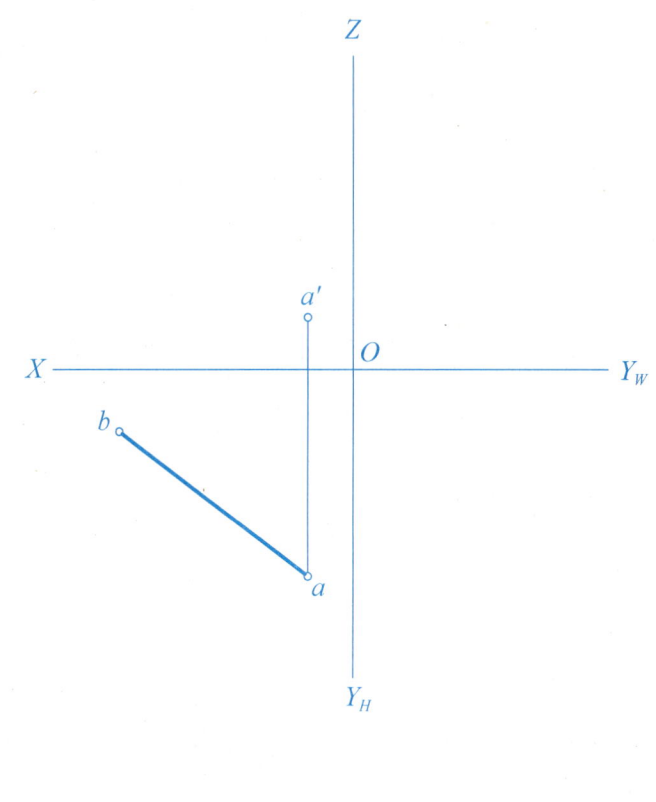

班级　　　　姓名

12. 过已知点A的V、H投影，作直线段AB的三面投影，并使AB=20mm（只作一解）。

(1) 作正平线，与H面成30°。　　　　　(2) 作水平线，与W面成60°。　　　　　(3) 作铅垂线。

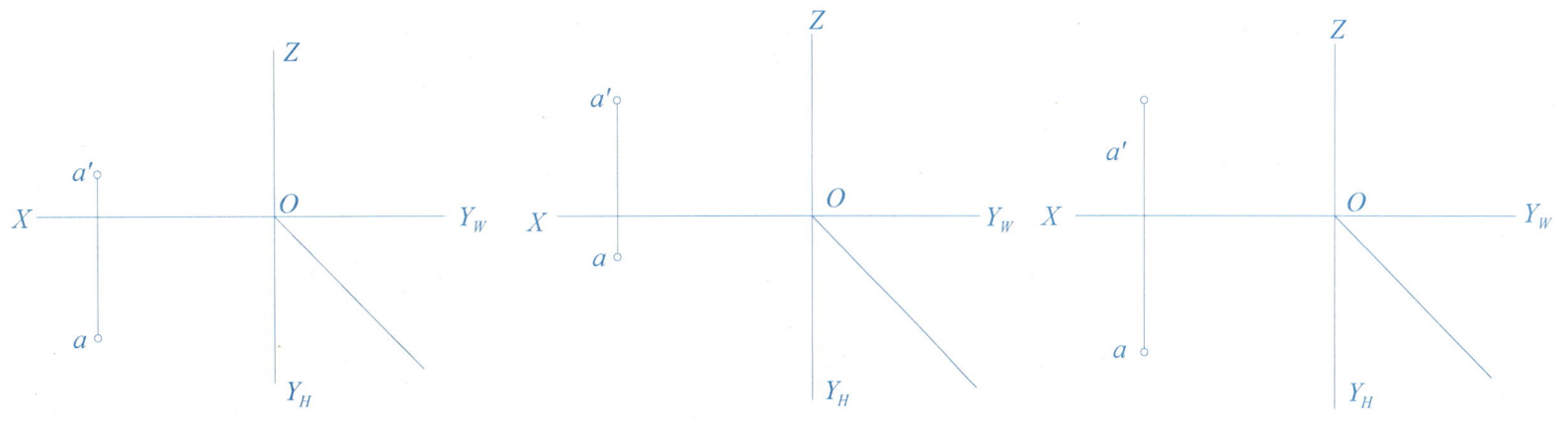

13. 作线段AB、BC、CD的另一投影。

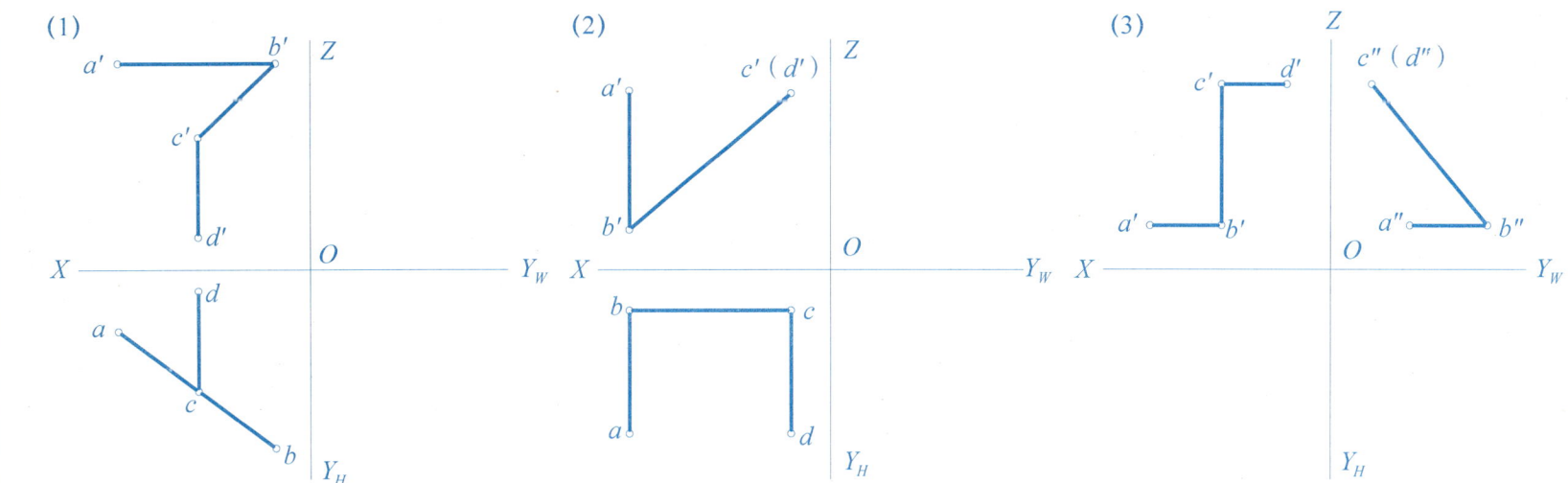

班级　　　　姓名

线段的实长及其对投影面的倾角

14. 求出线段AB的实长及对H面的倾角α。

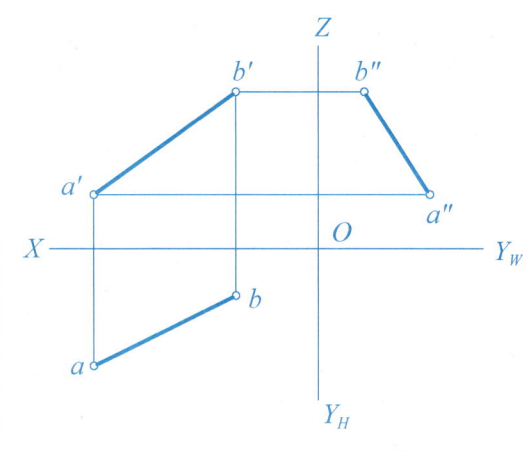

15. 已知线段AB的实长为30mm，试完成其投影，有几解？

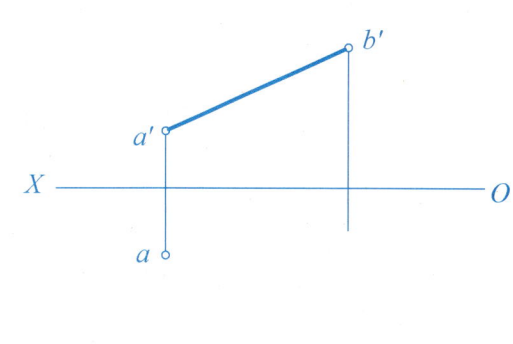

16. 已知线段AB对H面倾角为30°，作出其正面投影，有几解？

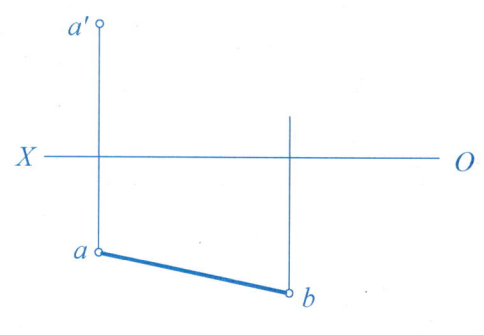

17. 已知线段CD对V面倾角为30°，作出其正面投影，有几解？

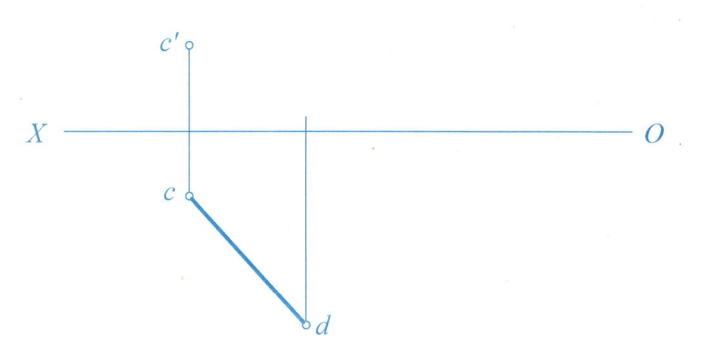

18. 已知线段CD对H面倾角为30°，试完成其水平投影，有几解？

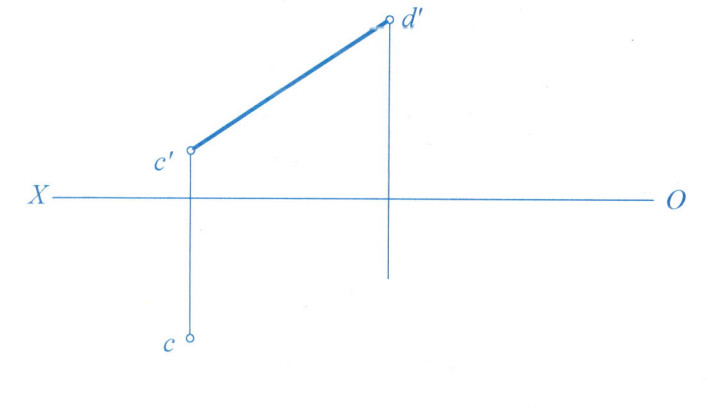

直线上的点

19. 在线段AB上定出点K的水平投影。（用两种方法求解）
(1) 第三投影法　　　　　　　　(2) 定比法

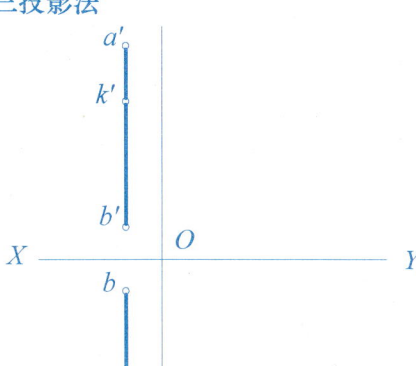
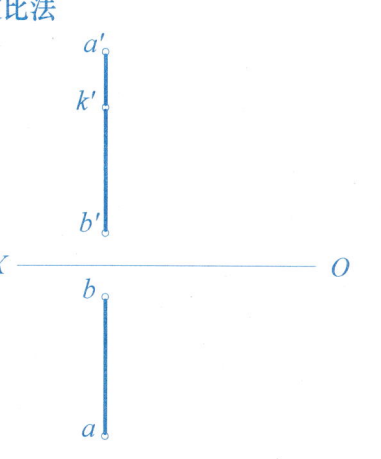

20. 在线段AB上定出一点K距V面20mm。

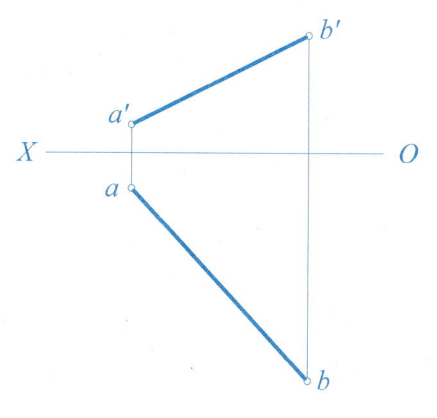

21. 在线段AB上取一点K，使AK：KB等于2:1。

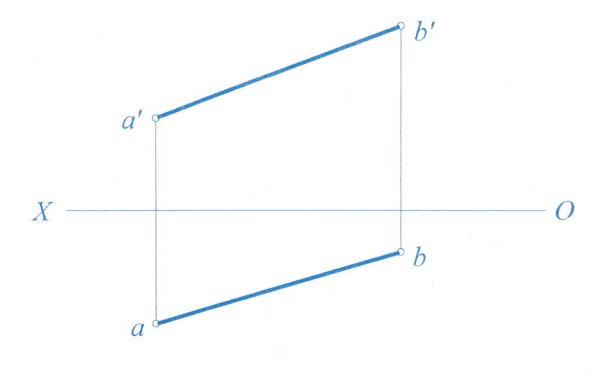

22. 已知A、B、C三点在同一直线上，求a'、c。

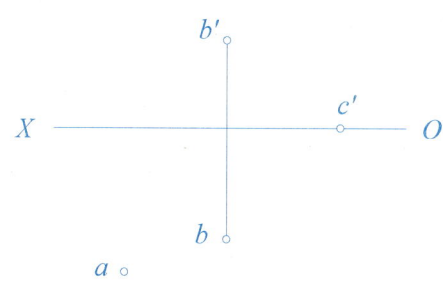

班级　　　姓名

两直线的相对位置

23. 判别下列两直线的相对位置（平行，相交，交叉）。

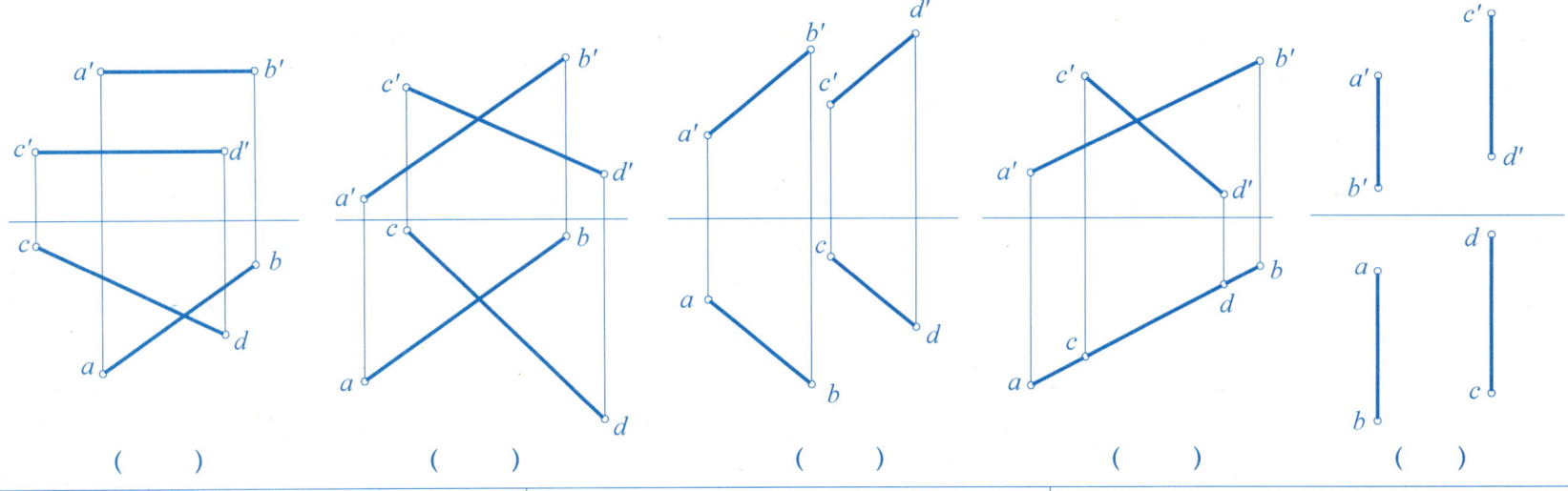

( )　　　( )　　　( )　　　( )　　　( )

24. 直线AB//CD，AB长20mm，求作AB的三面投影。

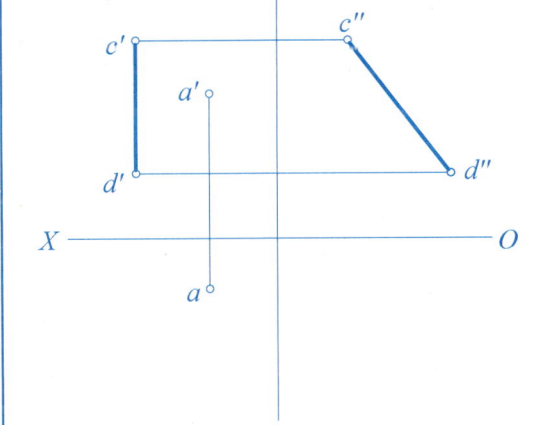

25. 过点C作直线CD与AB相交于点D，使点D距离H面15mm。

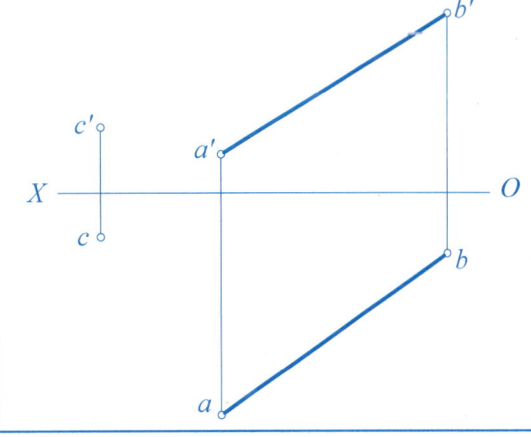

26. 过点A作直线AB//EF，问AB与CD是否相交？

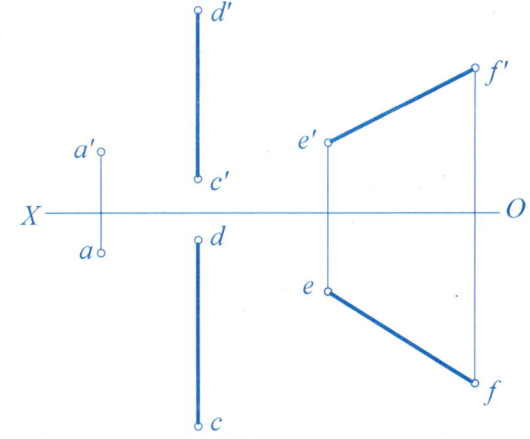

27. 过点A作线段AB平行于CD，使AB=25mm，（点B在点A的右后上方）。

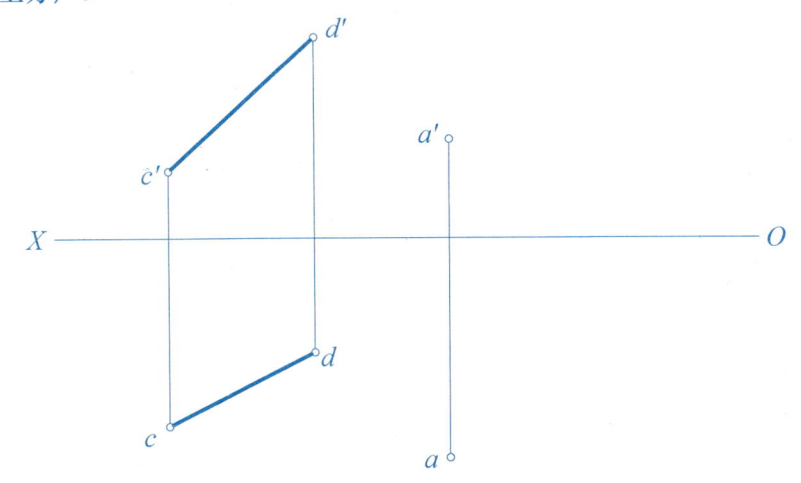

28. 作一距H面20mm的水平线，分别与AB、CD交于点E、F。

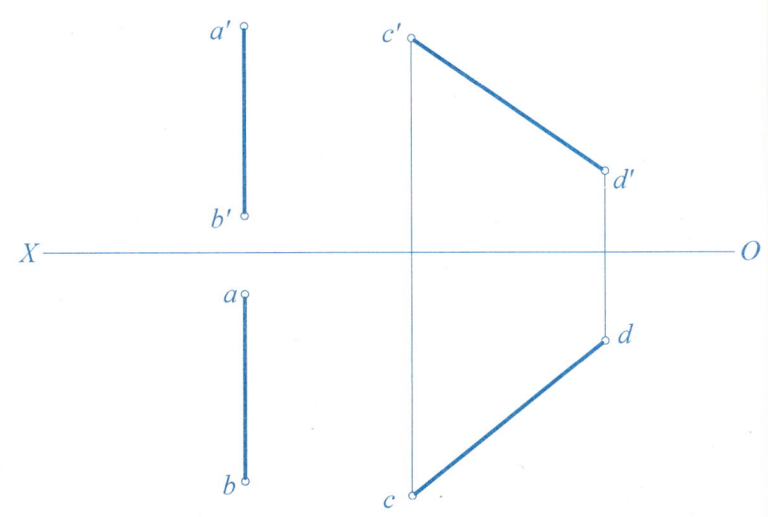

29. 判别交叉两直线重影点的可见性。

(1)　　　　(2)

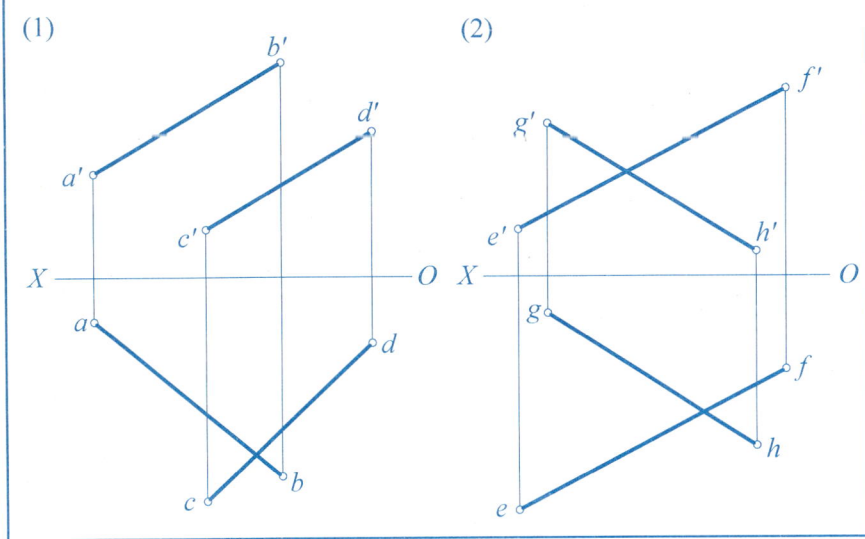

30. 作一线段GH与AB、CD相交，并平行于EF。

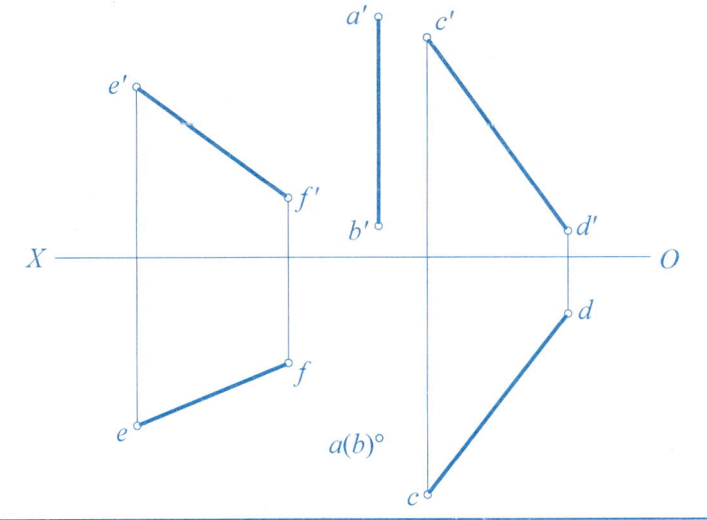

班级　　　　姓名

平面的投影

31. 标出P、Q、R面在各投影图中的位置。

(1)　　　　　　　　(2)　　　　　　　　(3)

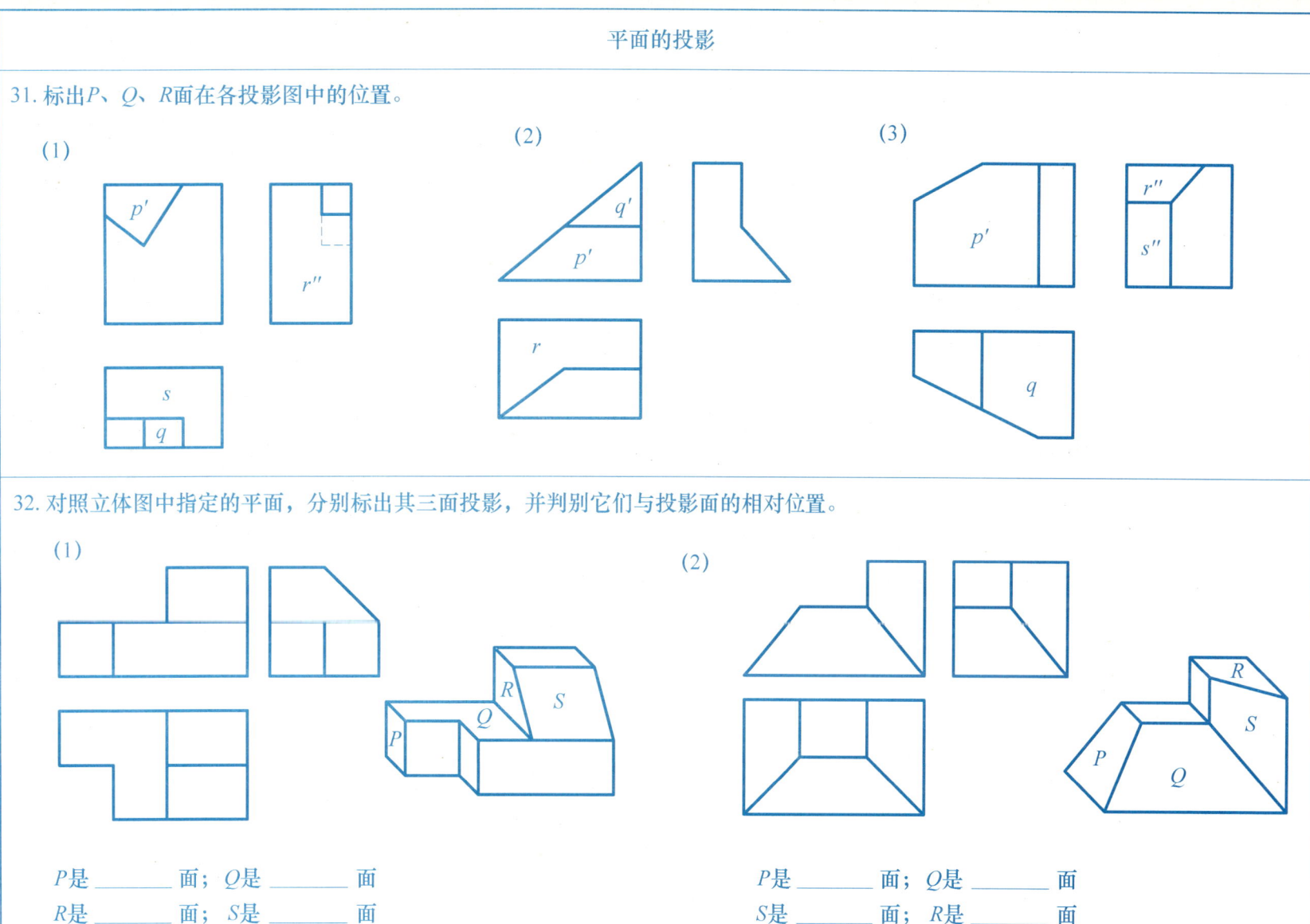

32. 对照立体图中指定的平面，分别标出其三面投影，并判别它们与投影面的相对位置。

(1)

P是_____面；Q是_____面
R是_____面；S是_____面

(2)

P是_____面；Q是_____面
S是_____面；R是_____面

33. 已知平面的两面投影，求第三投影，并判别与投影面的相对位置。

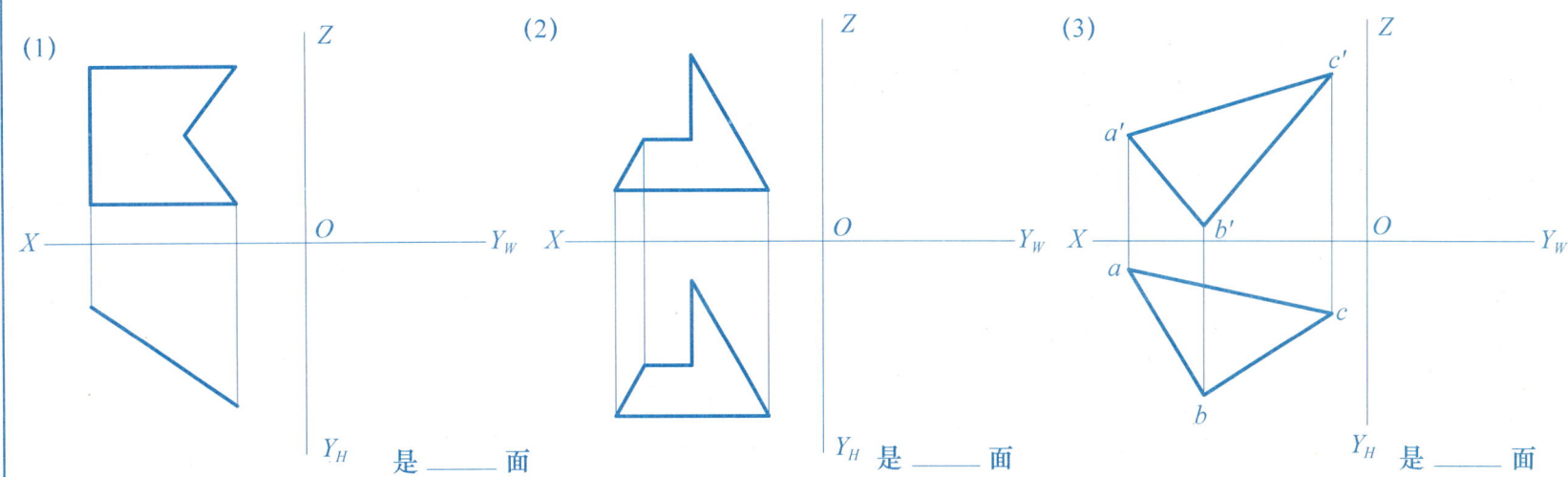

(1) 是 ____ 面 (2) 是 ____ 面 (3) 是 ____ 面

34. 根据已知条件，完成下列各平面的投影。

(1) 已知侧垂面，与H面成45°。

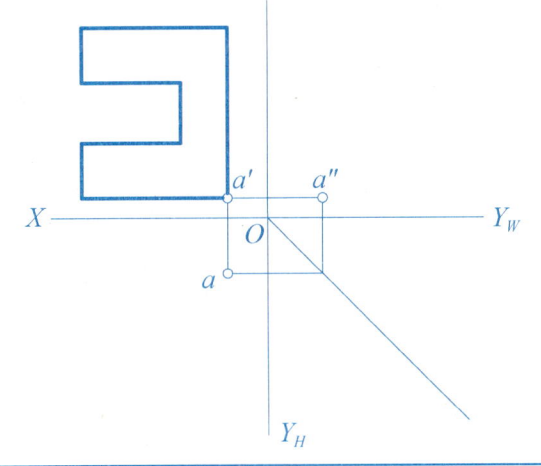

(2) 已知正垂面，与H面成30°。

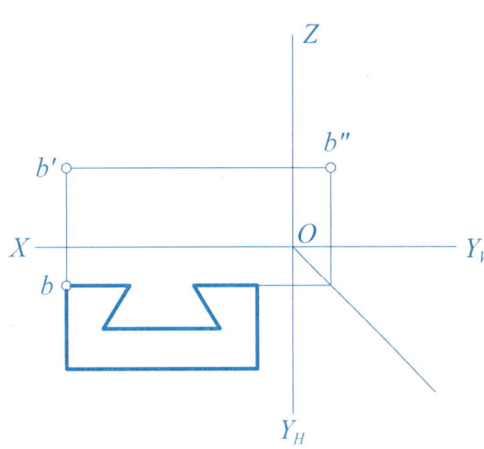

(3) 已知铅垂面，与V面成60°。

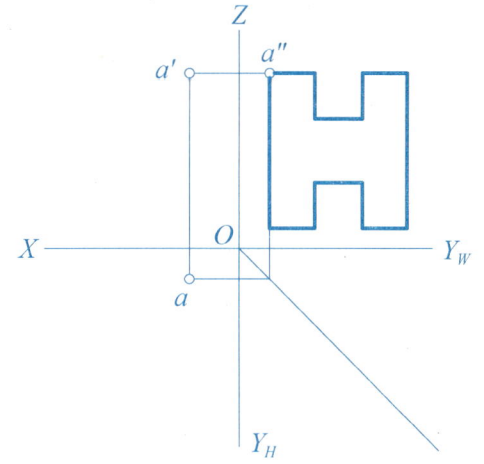

班级　　　姓名

35. 判定A、B两点是否在下列平面内。

(1)

(2)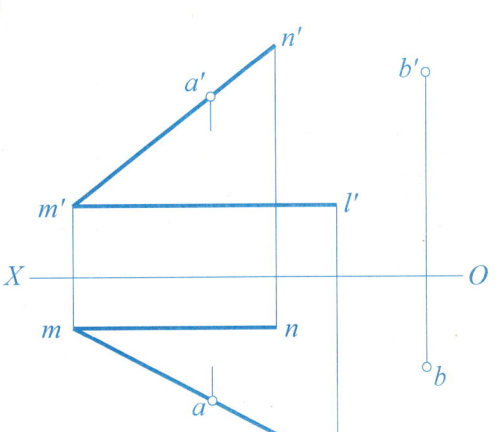

(3)

36. 判别下列几何元素是否在同一平面内。

(1)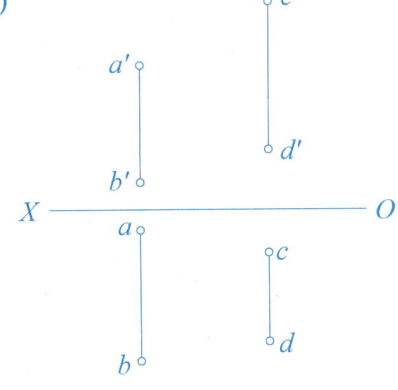

四点 _____ 一个平面内

(2)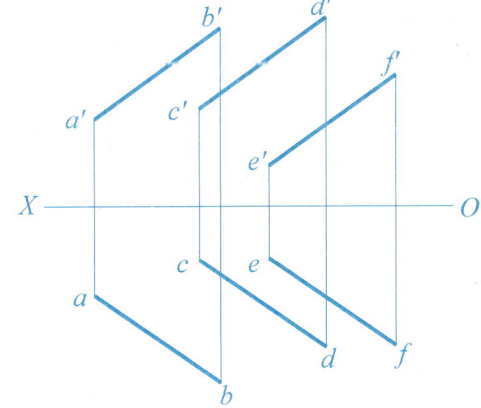

三条平行直线 _____ 一个平面内

班级　　　姓名

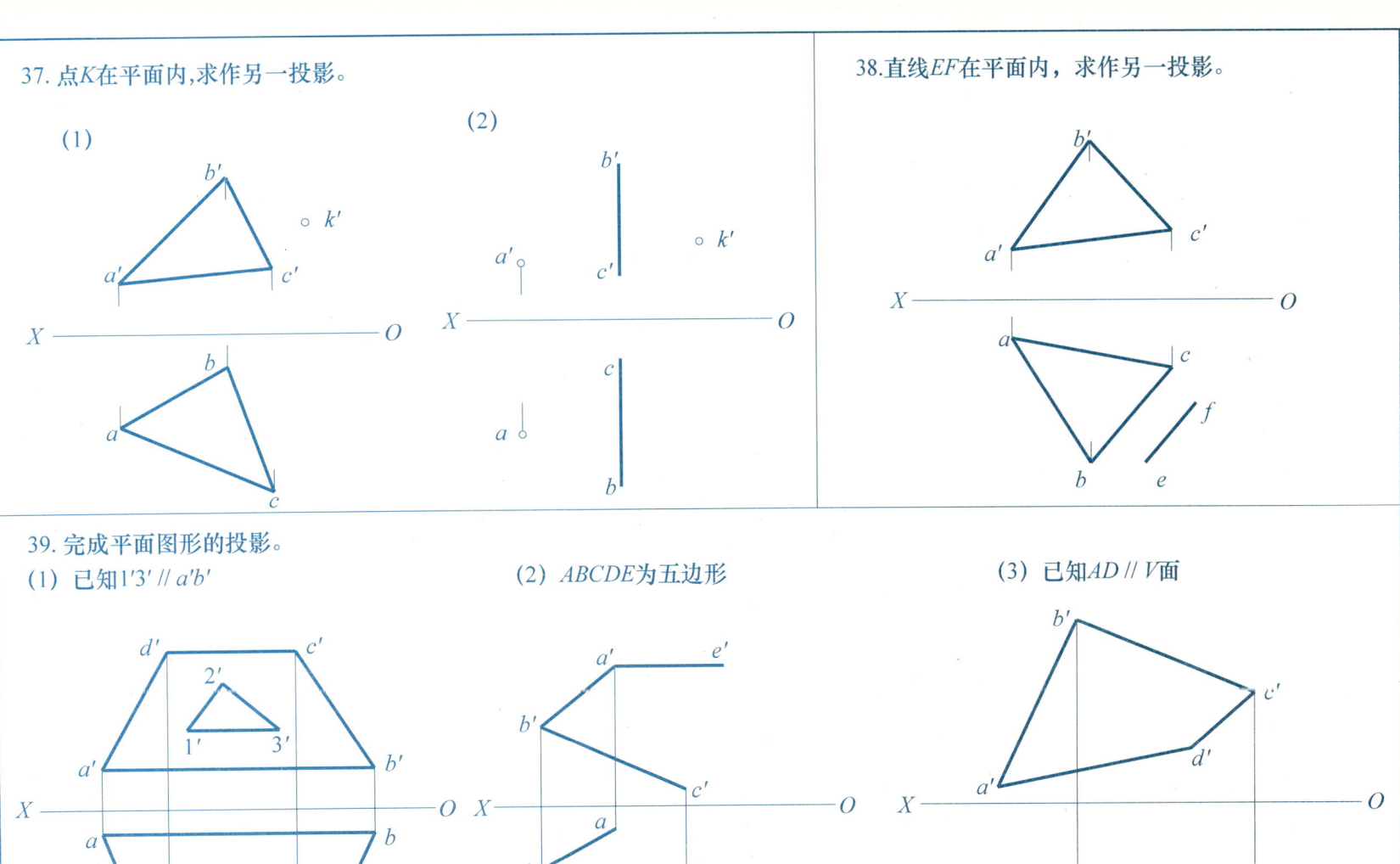

40. 判定直线AE是否在给定的平面内。

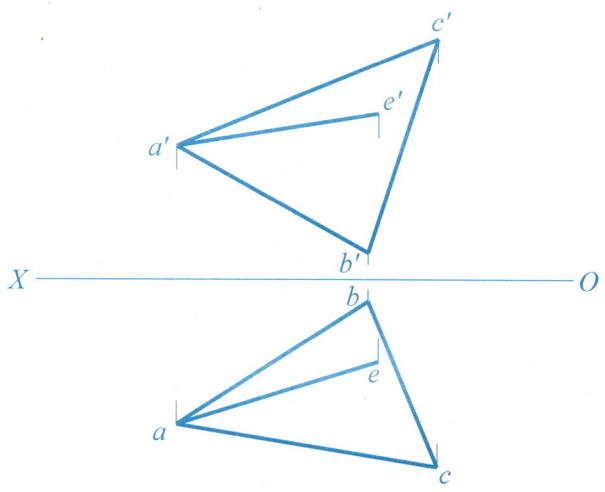

41. 已知直线EF在平面内，求直线的水平投影。

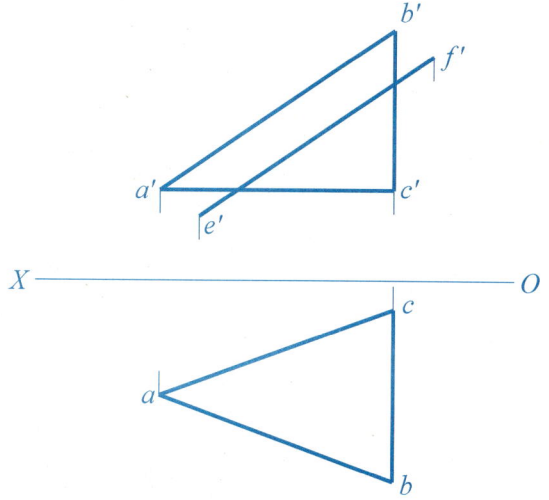

42. 在△ABC面内作一点D，使点D比点B低15mm，比点B前13mm。

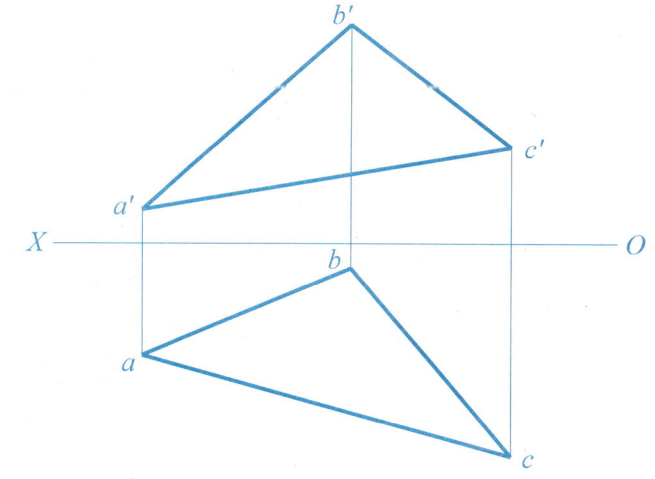

43. 过AB作△ABC垂直于V面，使点C距V面为25mm，距H面为15mm。

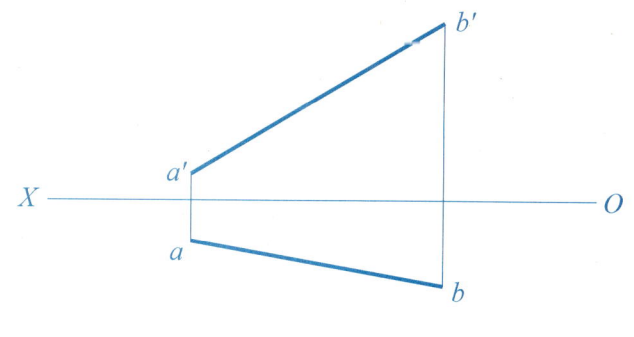

班级　　　　姓名

1.3 平面立体的投影 — 在形体表面上定点

1. 补全三棱柱表面上点 A、B、C 的另二投影。

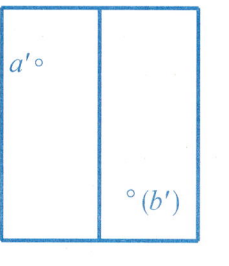

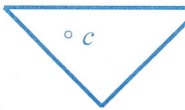

2. 补全四棱柱上线段 AB、CD 的另二投影。

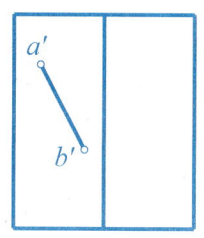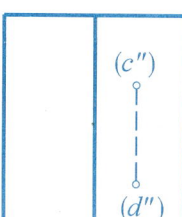

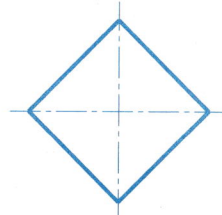

3. 画出三棱锥的侧面投影，补全各点的另二投影。

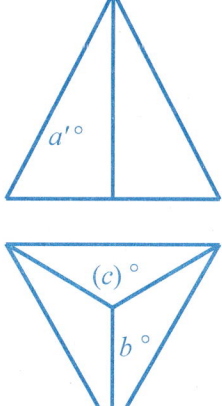

4. 画出四棱台的侧面投影，补全各线段的另二投影。

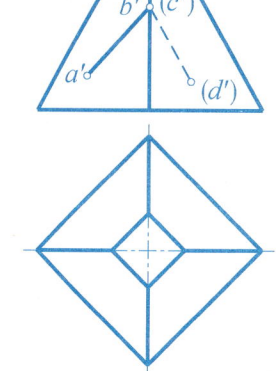

基本形体的截切

5. 求三棱柱截切后的 W 面投影。

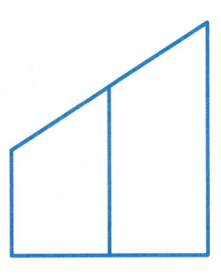

6. 求六棱柱截切后的 W 面投影。

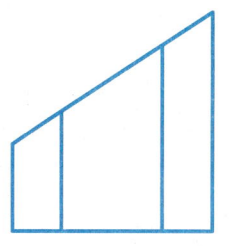

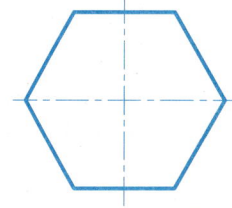

7. 求四棱柱截切后的水平投影。

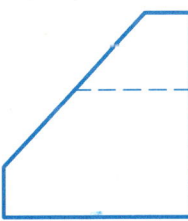 

8. 求四棱台截切后的 V、H 投影。

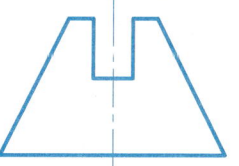

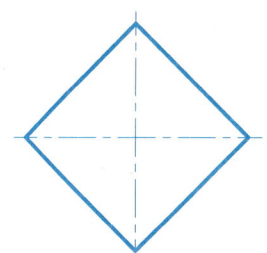

班级　　　　姓名

9. 求带切口四棱柱的 *H*、*W* 面投影。

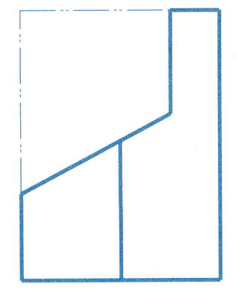
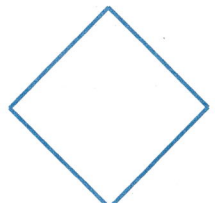

10. 求带切口的正三棱锥的 *H*、*W* 面投影。

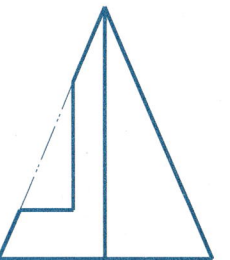
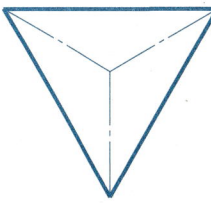

11. 求带切口的正四棱锥的 *H*、*W* 面投影。

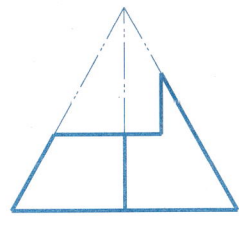
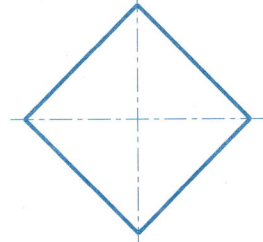

12. 求带切口的正四棱锥的 *V*、*W* 面投影。

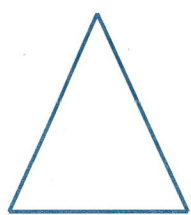
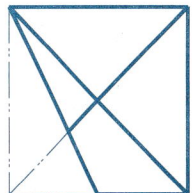

班级　　　姓名

直线与平面立体相交

13. 求直线AB与三棱柱的交点，并判别可见性。

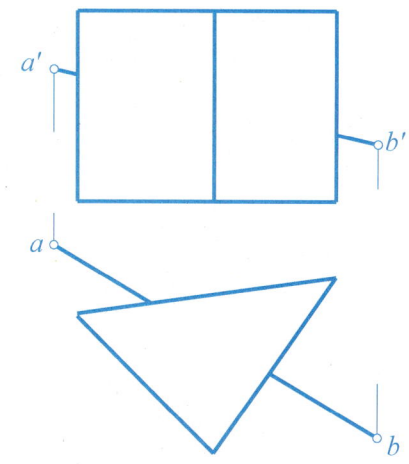

14. 求直线AB与三棱锥的交点，并判别可见性。

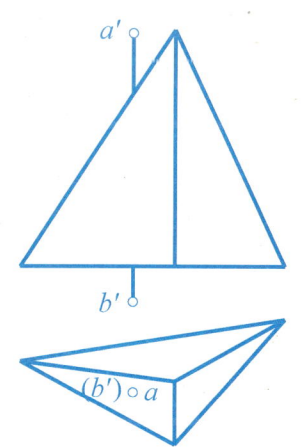

15. 求直线AB与斜放三棱柱的交点，并判别可见性。

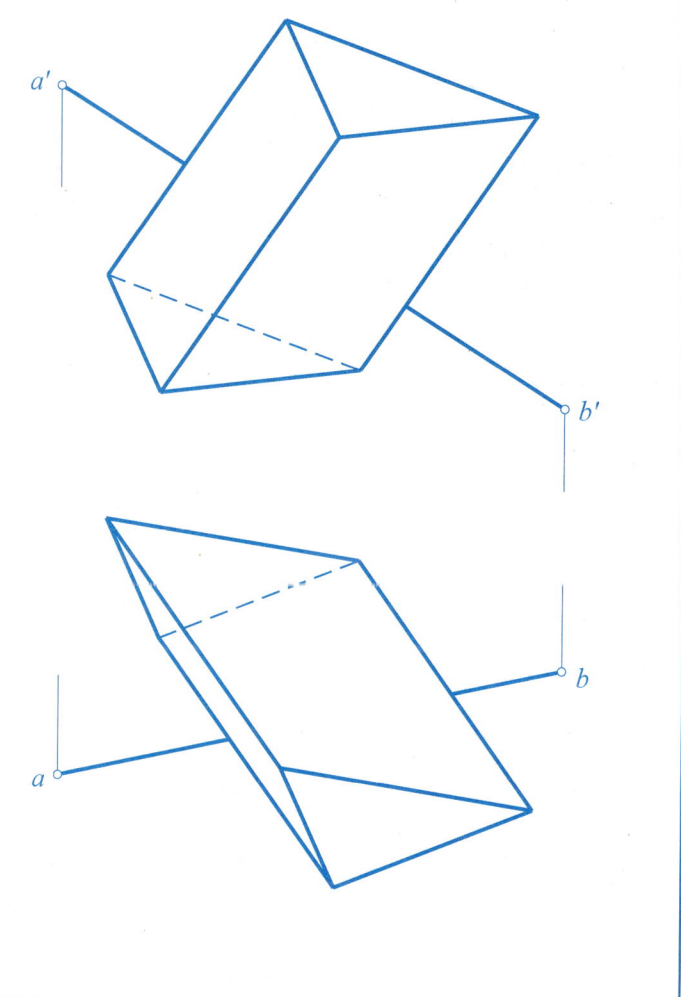

班级　　　姓名

平面立体与平面立体相交

16. 分析屋顶面交线，完成水平投影。

17. 已知两三棱柱相交，求出其相贯线的投影。

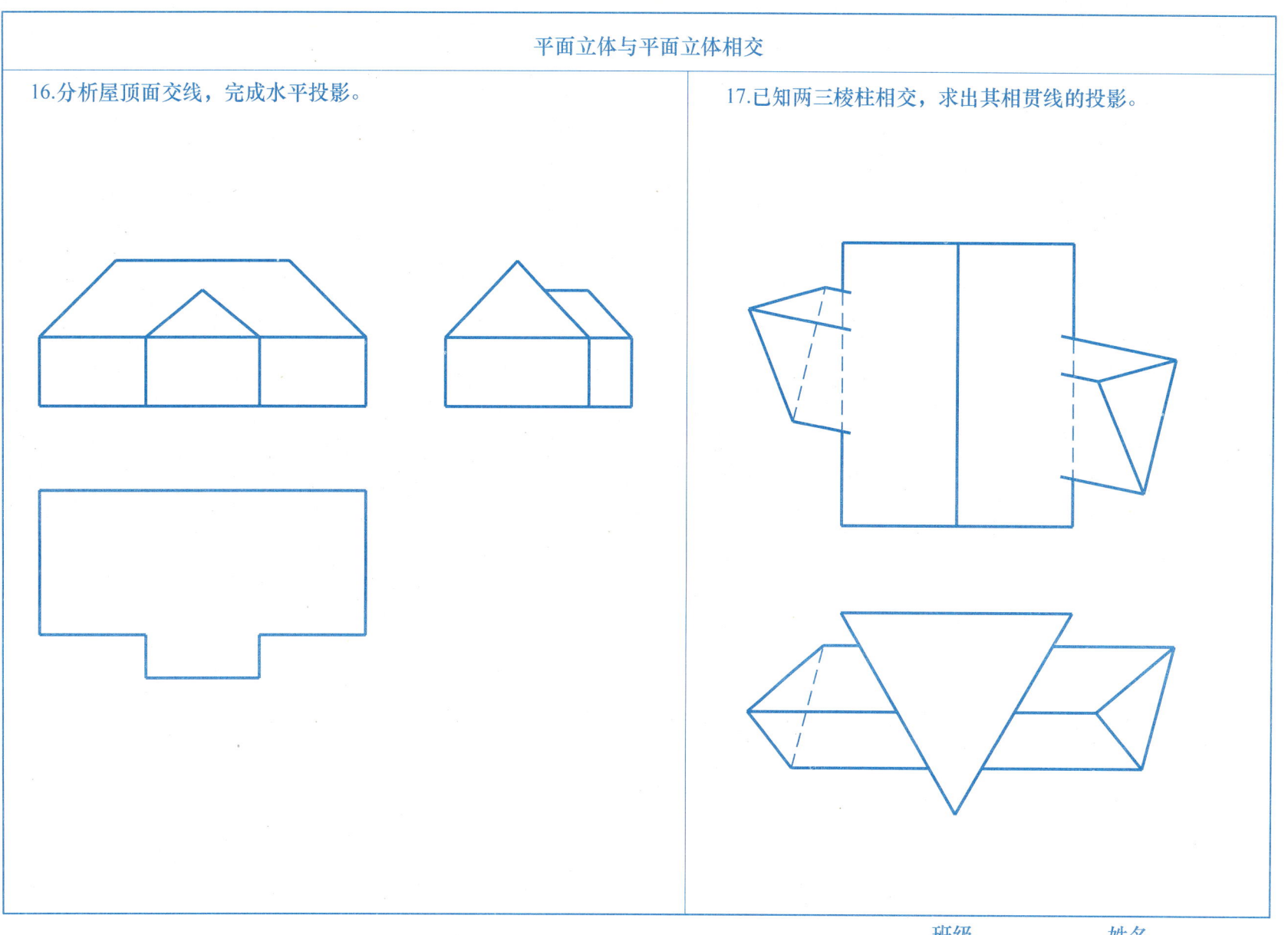

班级　　　姓名

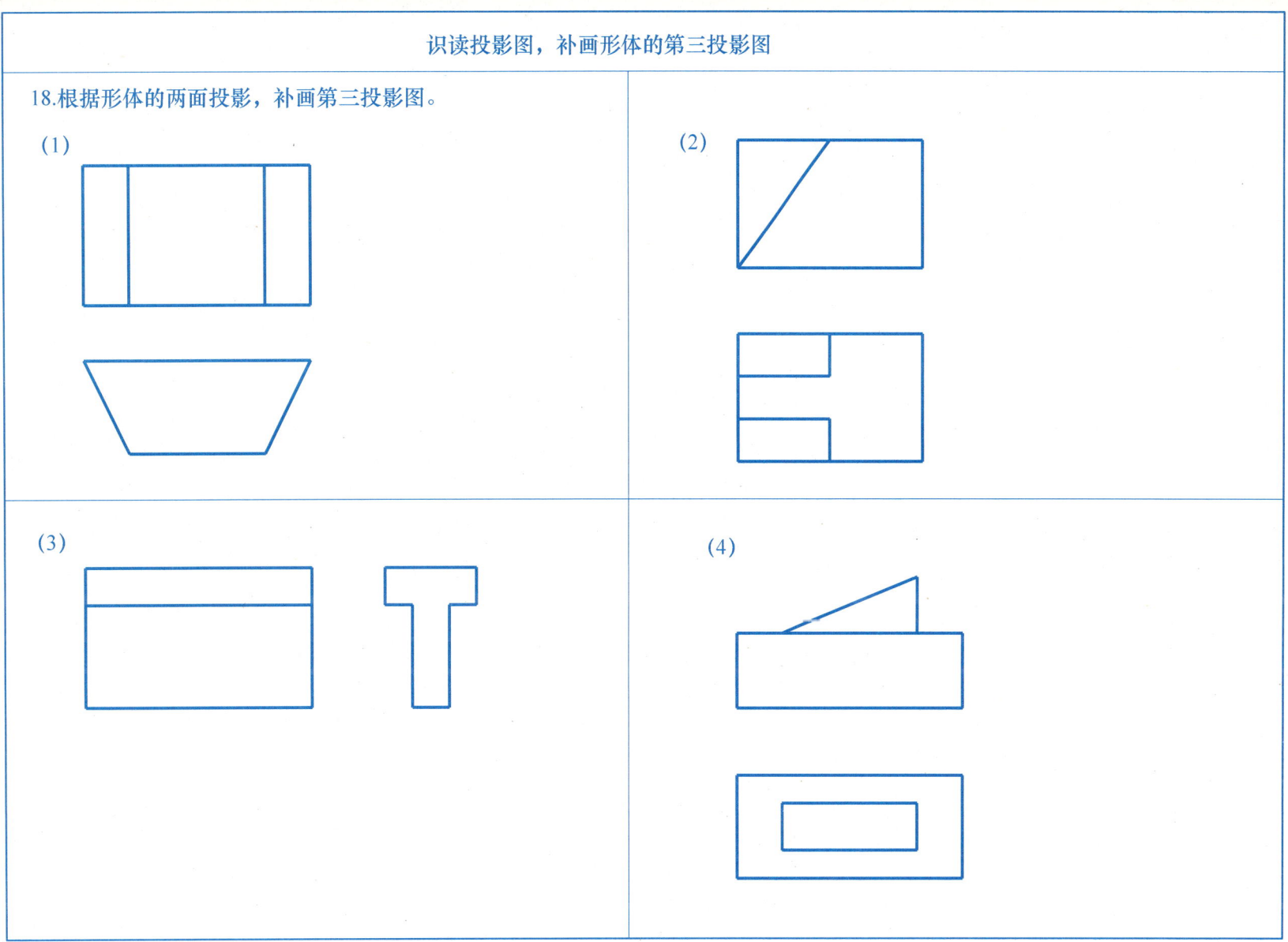

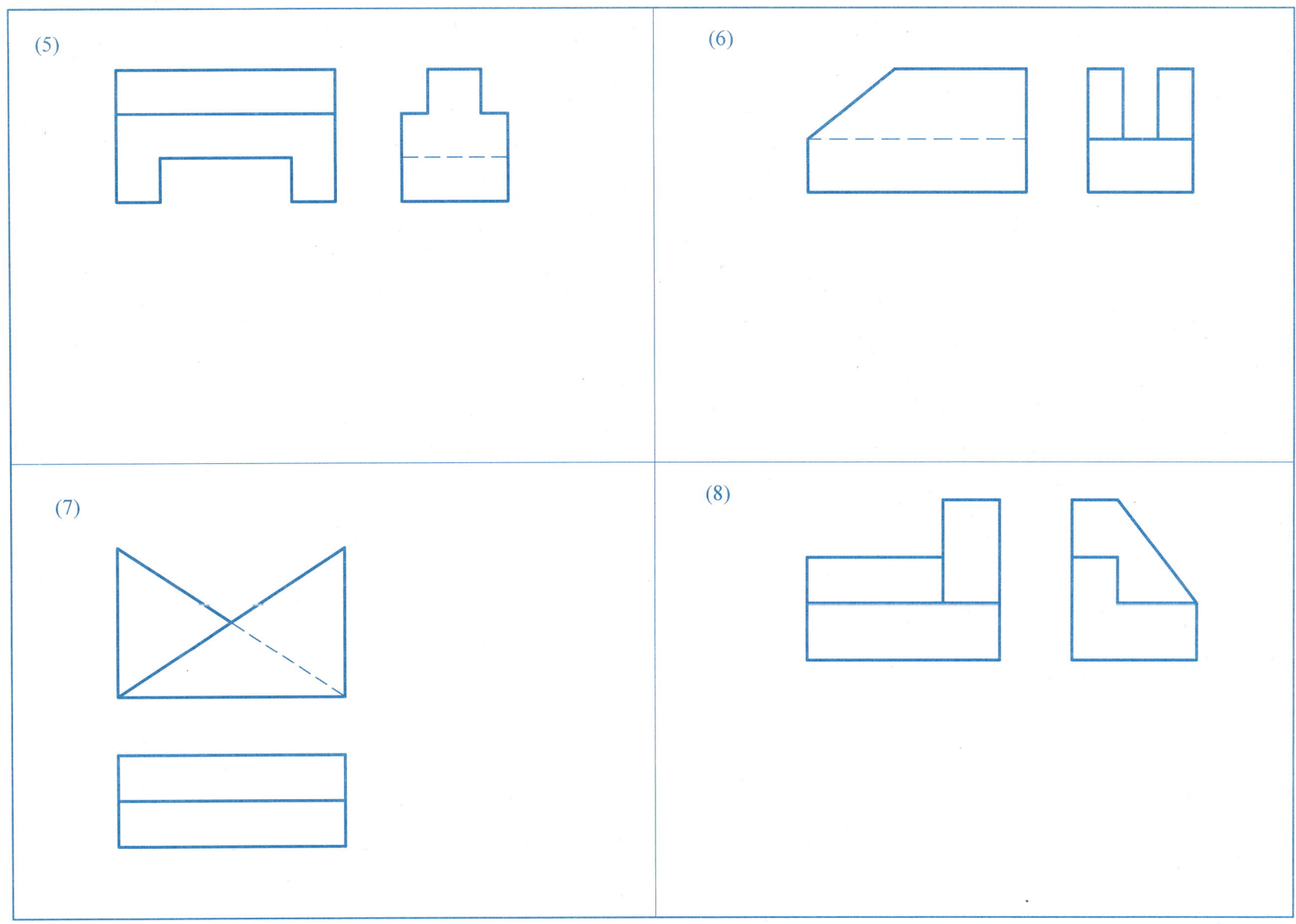

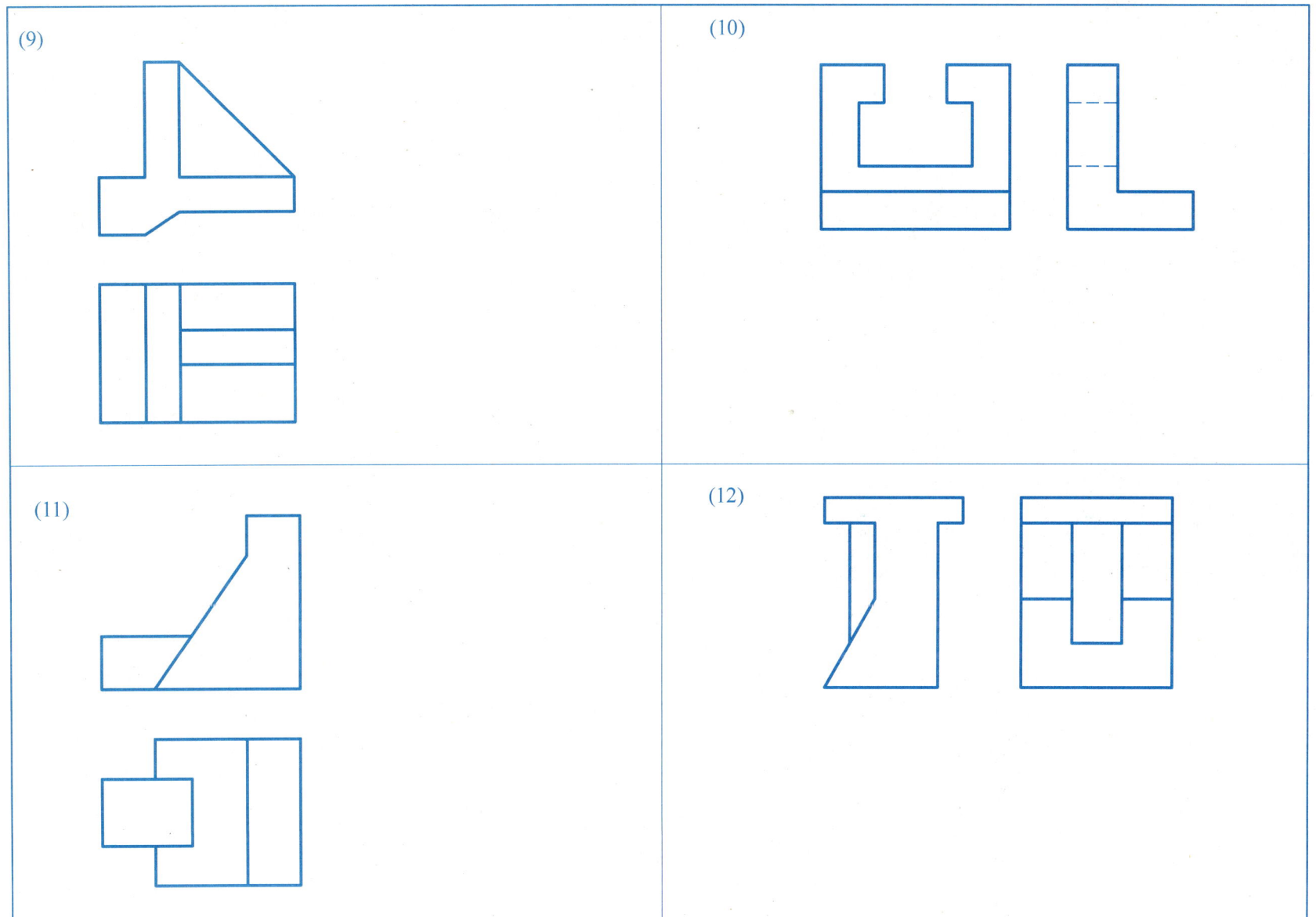

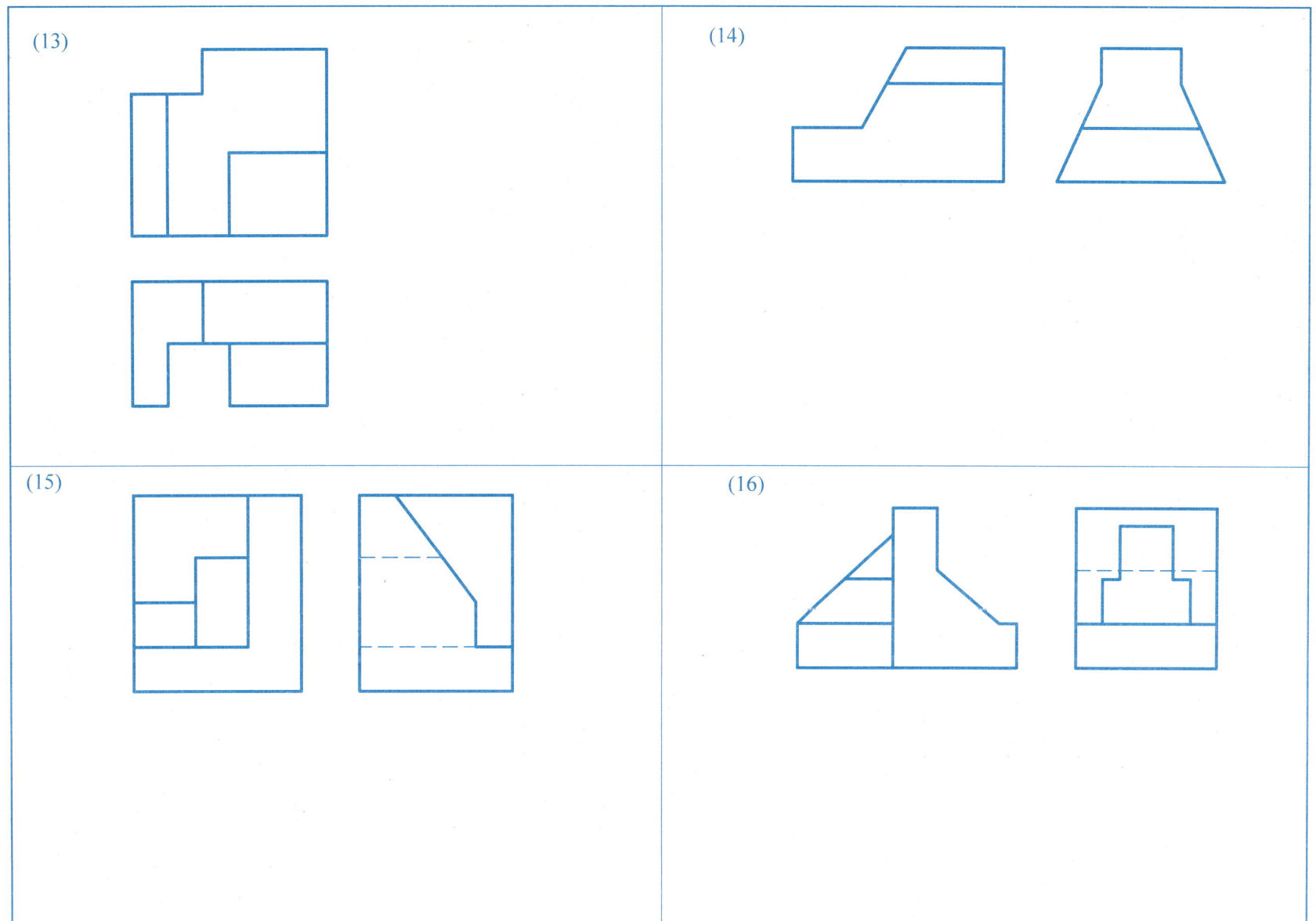

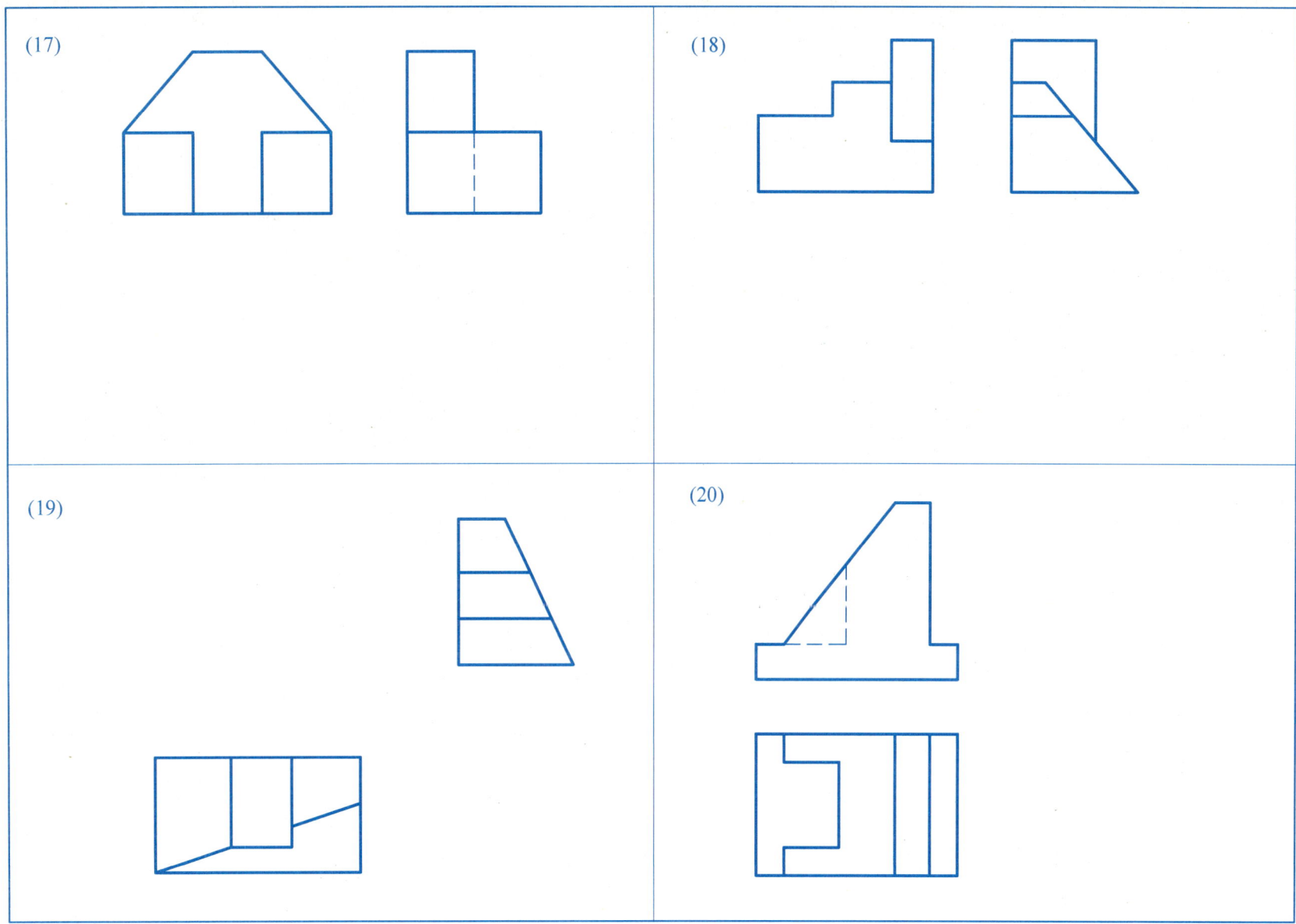

1.4 曲面立体的投影　　　　　　　　曲面立体表面上取点、取线

1. 补绘圆柱的 W 面投影，并求圆柱表面上各点的其余二投影。

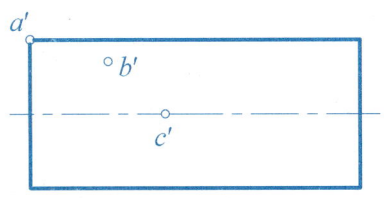
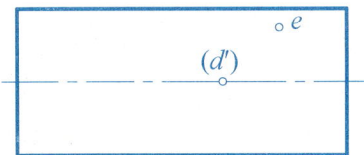

2. 补绘圆锥面的 W 面投影，并求圆锥表面上各点的其余二投影。

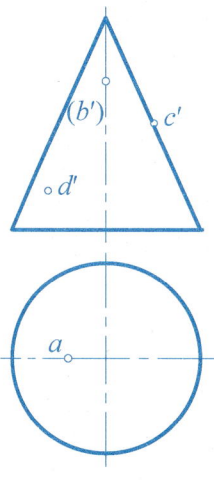

3. 补绘圆球面的 H 投影，并求圆球表面上各点的其余二投影。

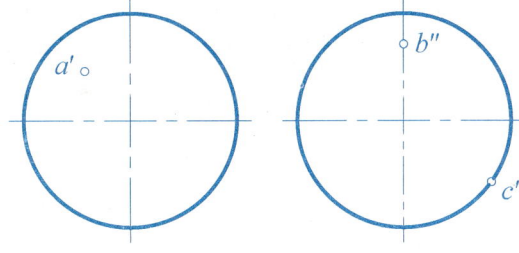

4. 已知圆柱面上线段 AB、CD 的一个投影，画另二投影。

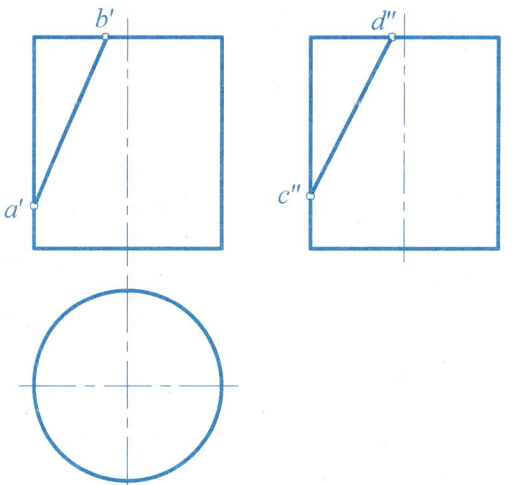

班级　　　姓名

5. 补绘圆柱面的W面投影，并求圆柱表面上各线段的其余二投影。

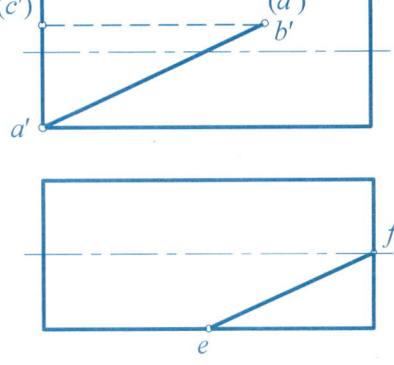

6. 求圆锥表面上各线段的其余二投影。

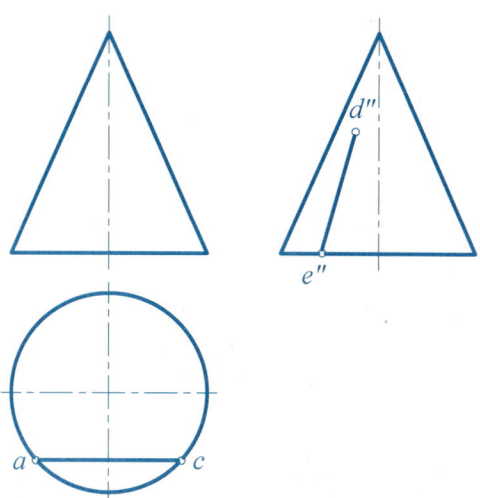

7. 补绘圆台的W面投影，并求圆台表面上各线段的其余二投影。

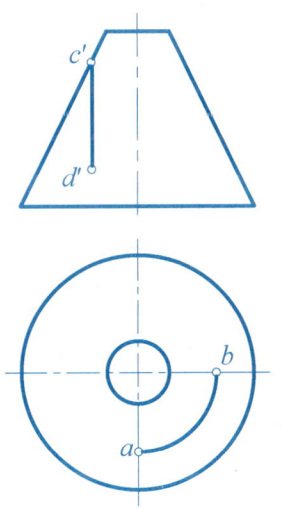

8. 补绘圆球面的W面投影，并求圆球表面上各线段的其余二投影。

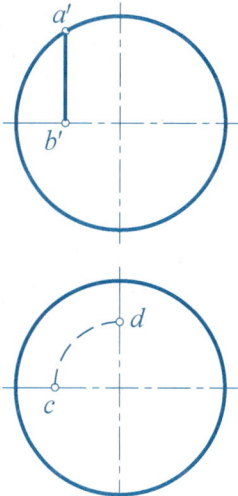

班级　　　　姓名

曲面体的截交线识读

9. 标出P、Q平面的另二投影。

(1)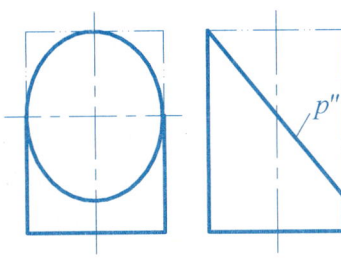

(2)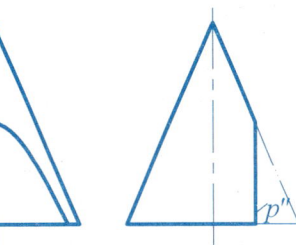

(3)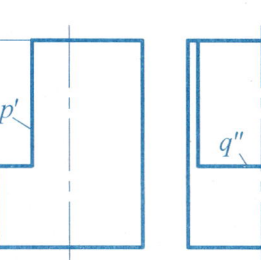

10. 标出P、Q、R平面的另二投影。

(1)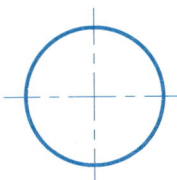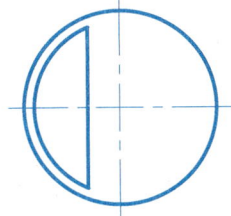

(2)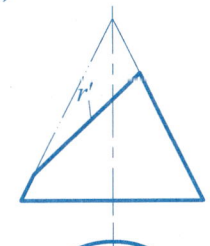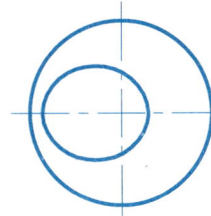

(3)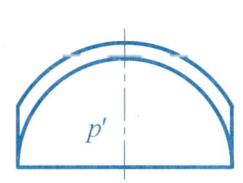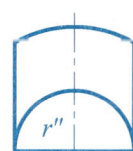

班级　　　姓名

圆柱的截交线

11.已知带切口的圆柱体,补全切口的其余二投影。

(1)

(2)

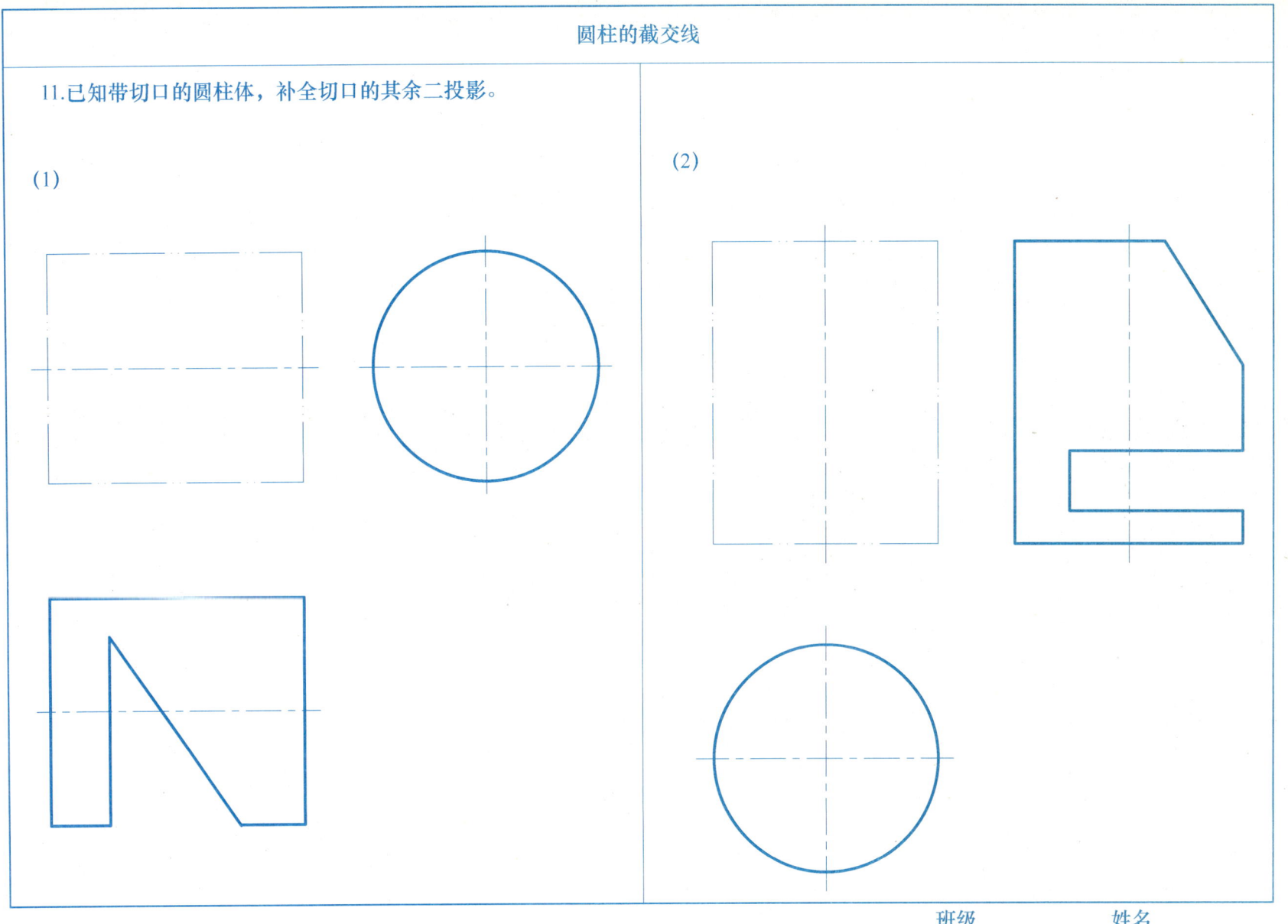

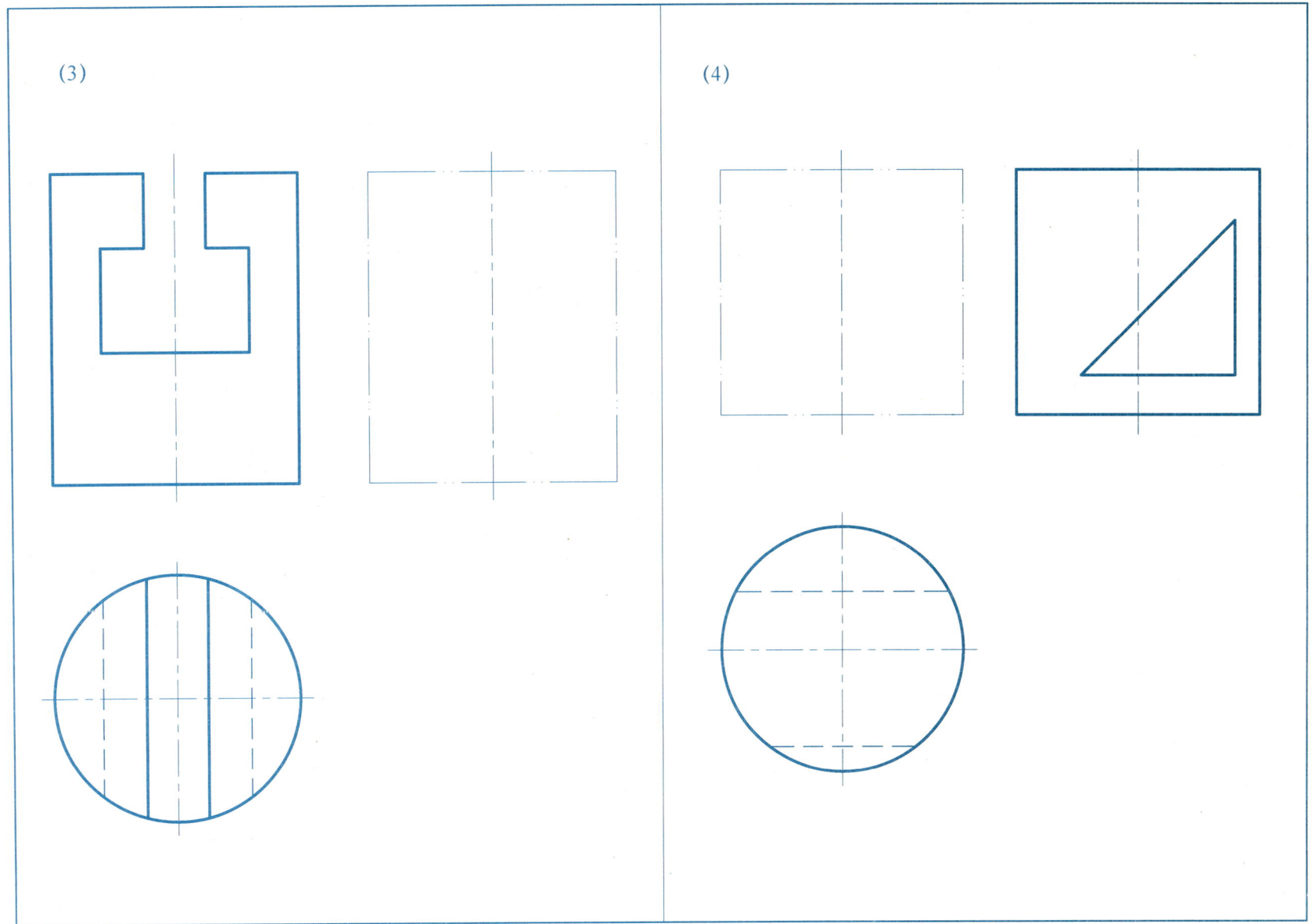

圆锥的截交线

12.求圆锥被切割后的水平投影和侧面投影。

13.求圆锥穿孔后的水平投影和侧面投影。

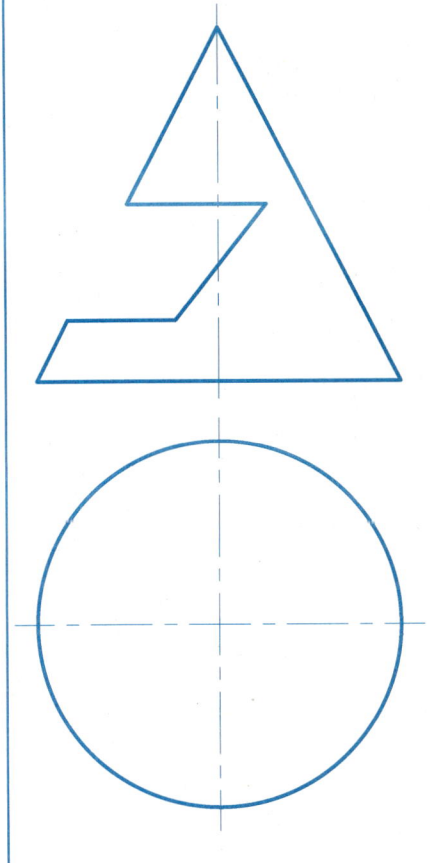

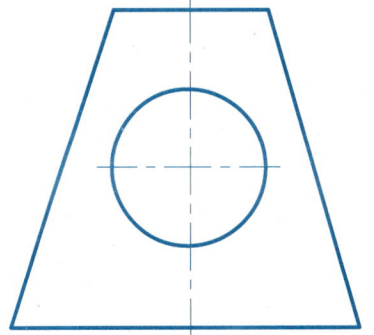

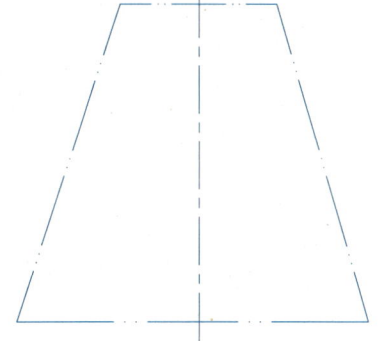

班级　　　　姓名

14.求圆锥穿孔后的水平投影和侧面投影。

15.求圆锥穿孔后的水平投影和侧面投影。

班级　　　　　姓名

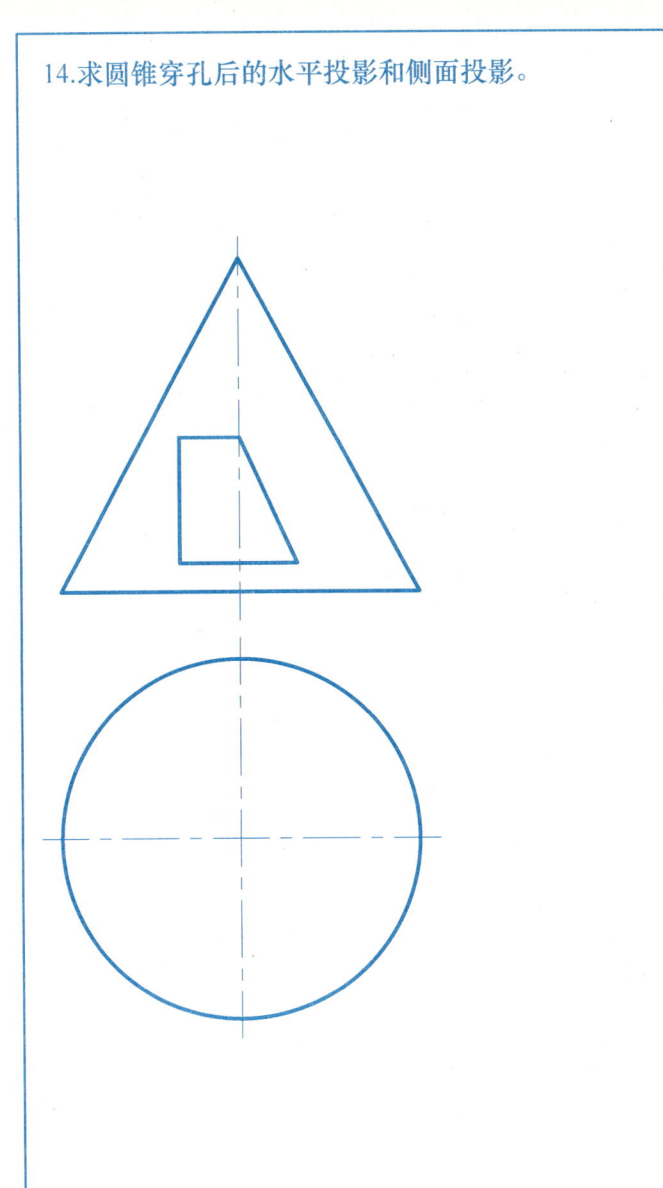

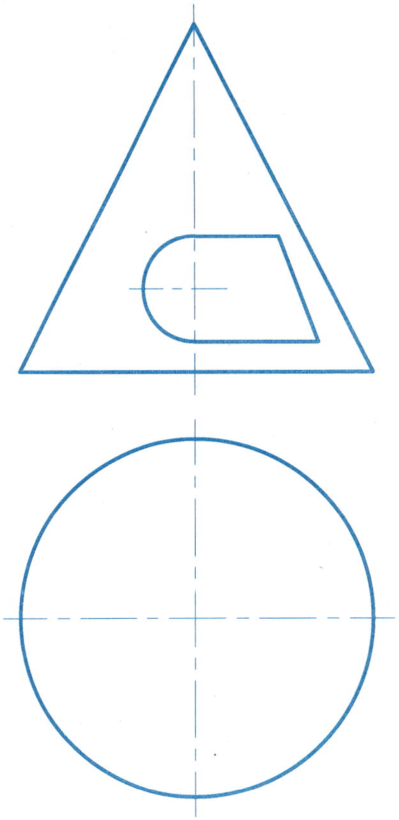

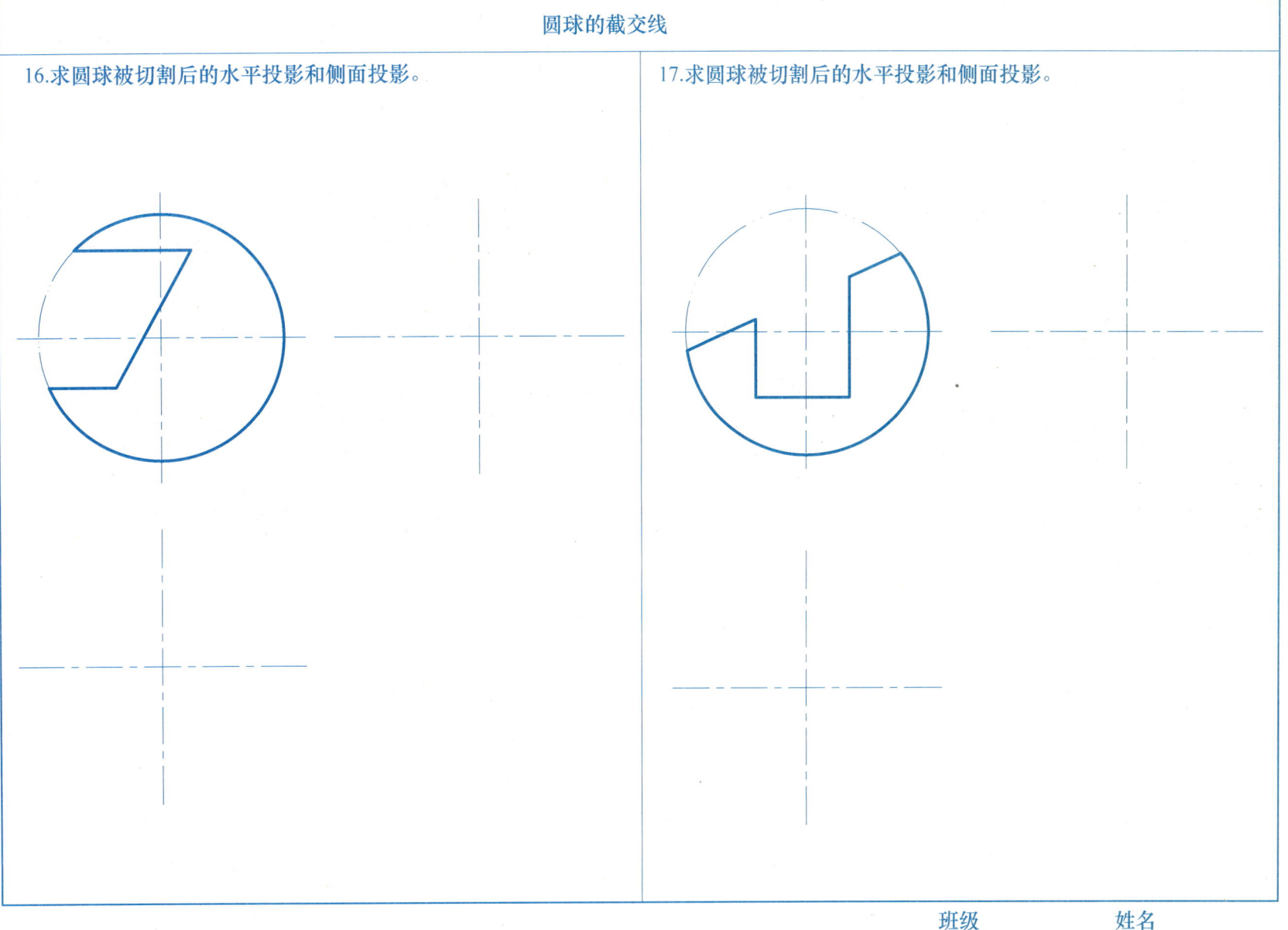

18. 求带槽口半球的水平投影。

19. 已知带穿孔的圆球，补全V、H面投影，并画出W面投影。

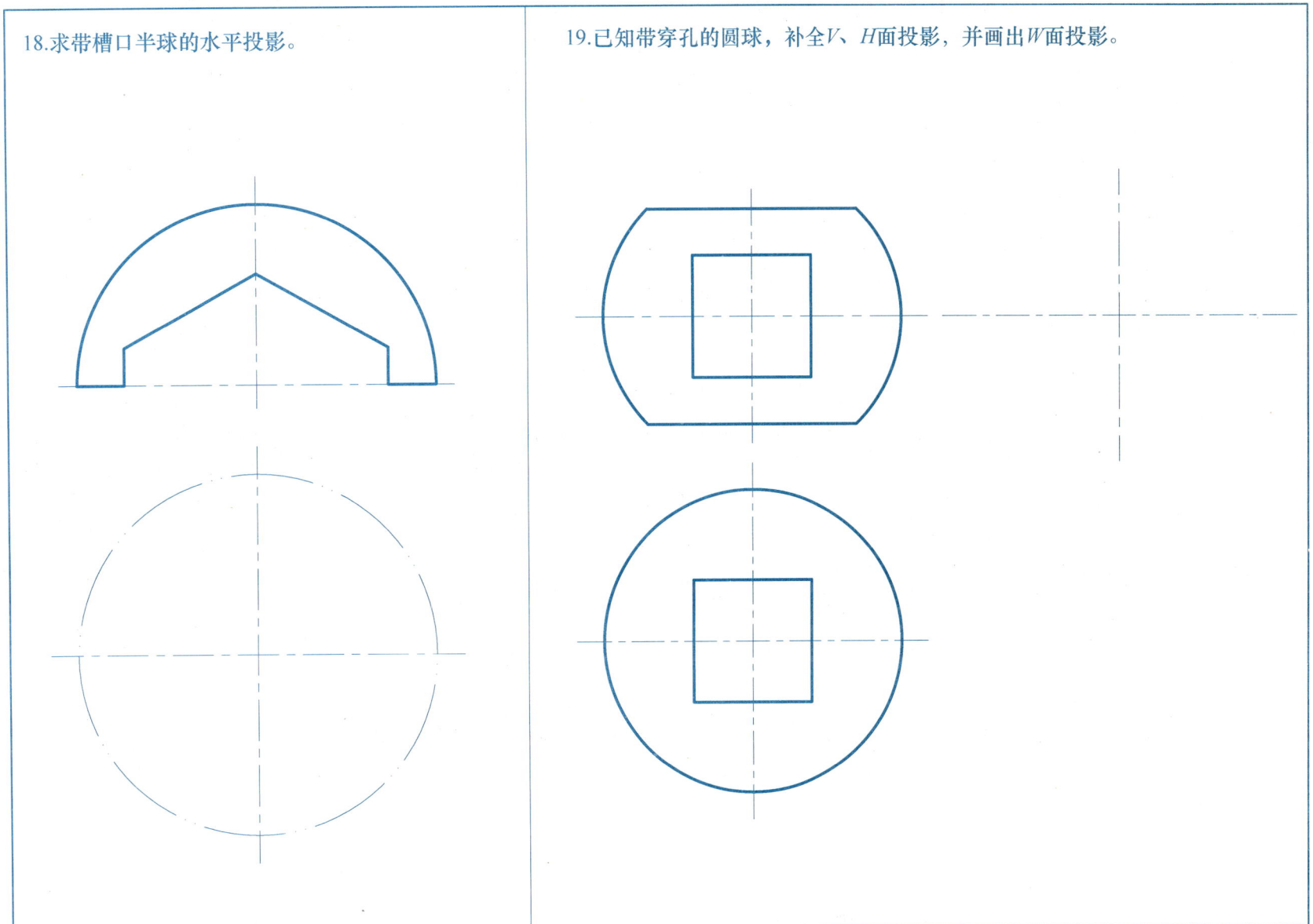

班级　　　姓名

直线与曲面立体相交

20.求直线AB与圆柱的贯穿点，并判别可见性。

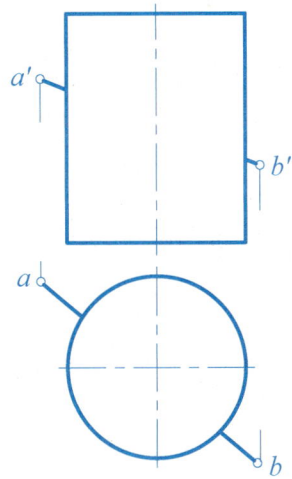

21.求直线AB与圆锥的贯穿点，并判别可见性。

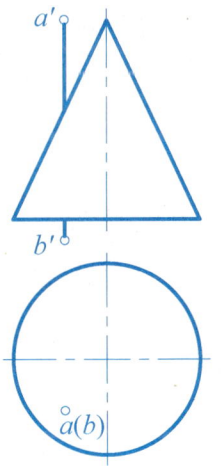

22.求直线AB与圆球的贯穿点，并判别可见性。

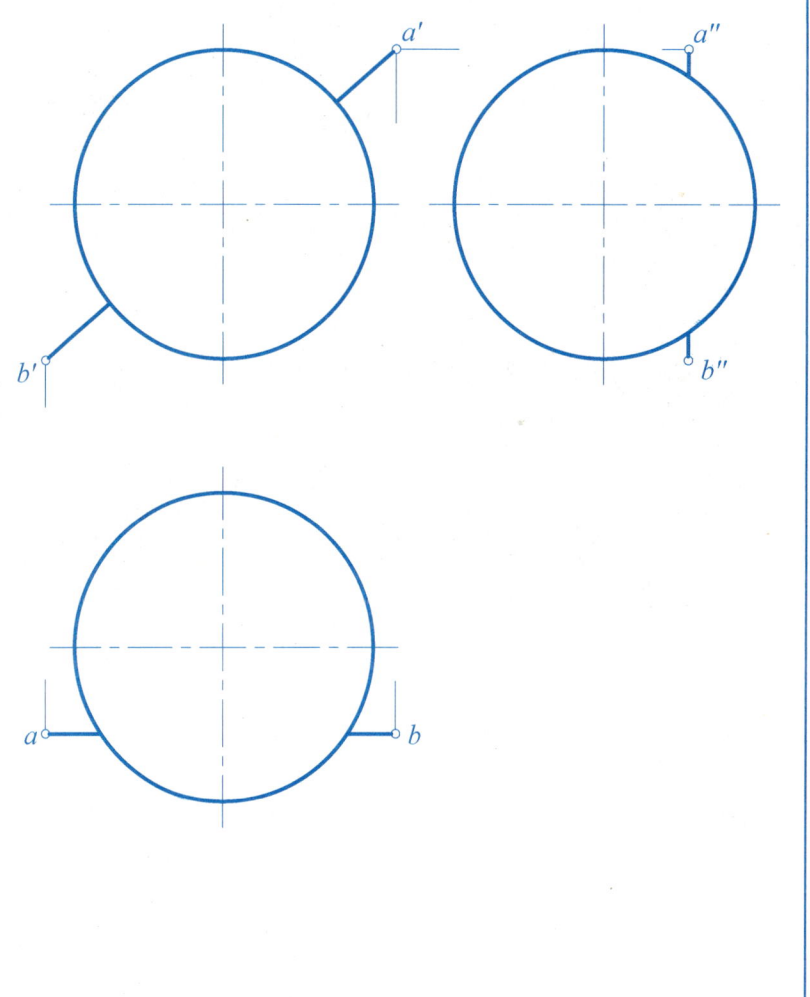

班级　　　　　姓名

两立体相交时的交线识读

23. 标出两立体相交线 AB、CD 的另二投影（想出形体的空间形状）。

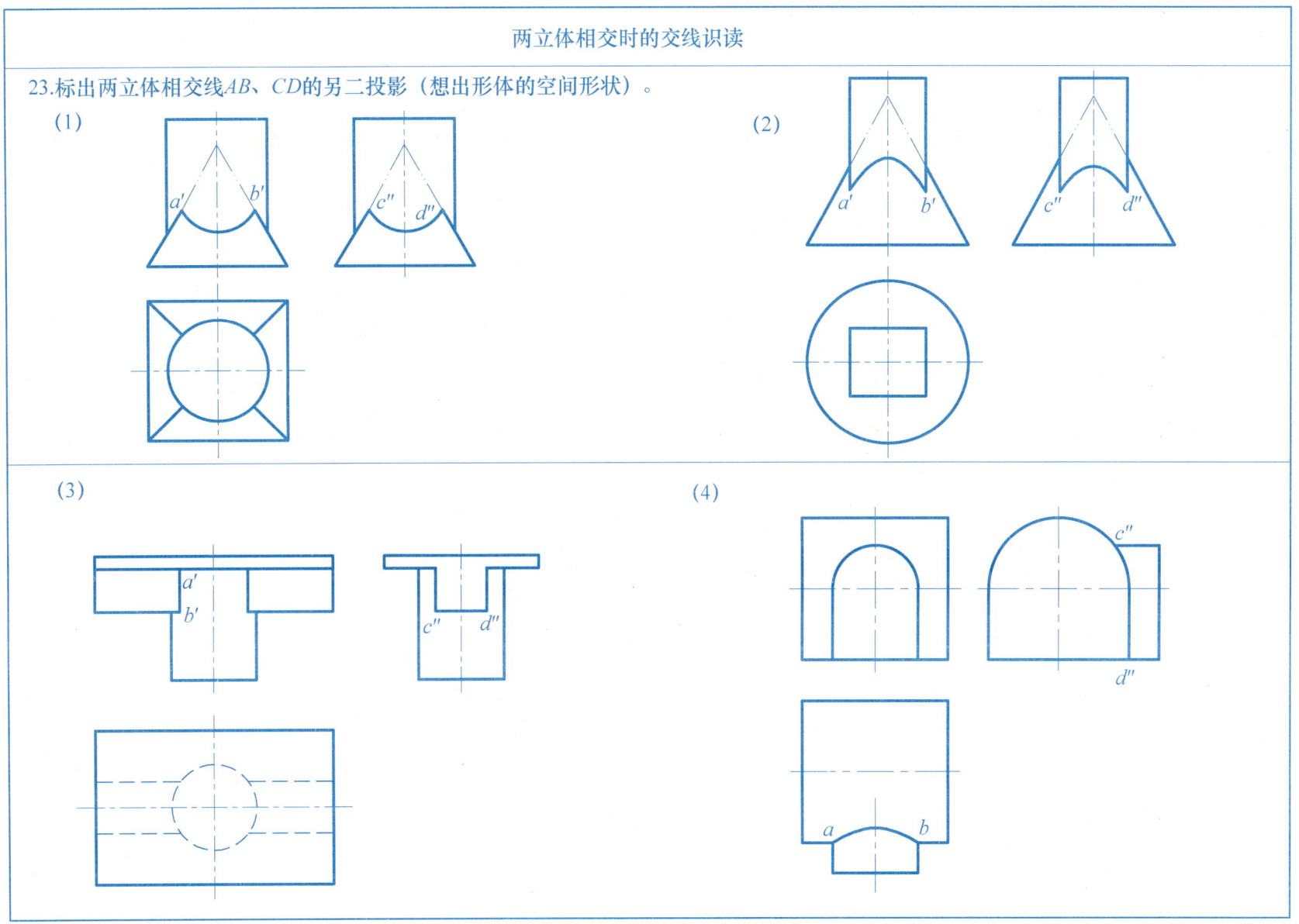

24.标出两立体相交线AB、CD的另二投影（想出形体的空间形状）。

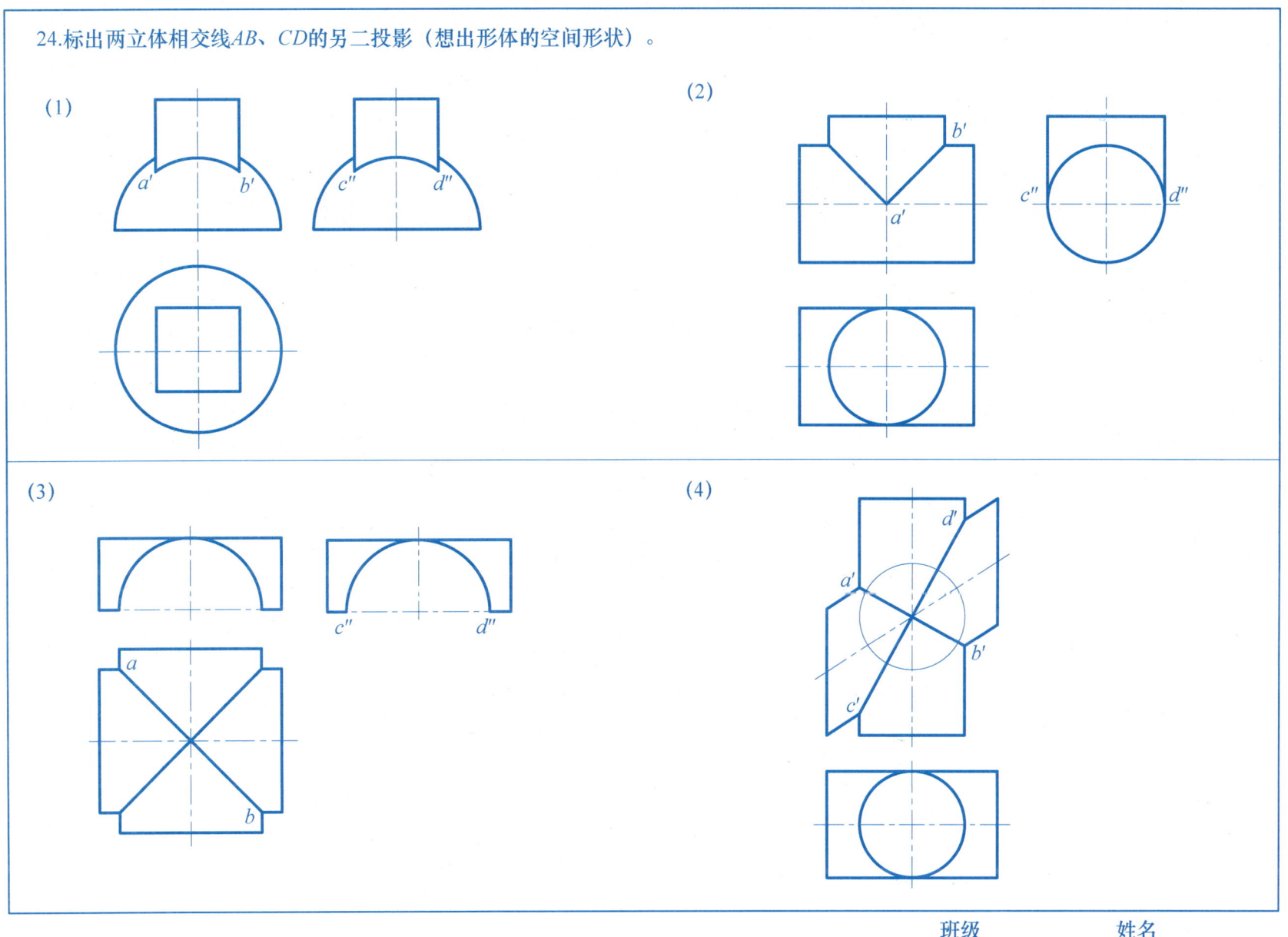

平面立体与曲面立体相交

25.求梯形柱与圆柱表面的交线,并作侧面投影。

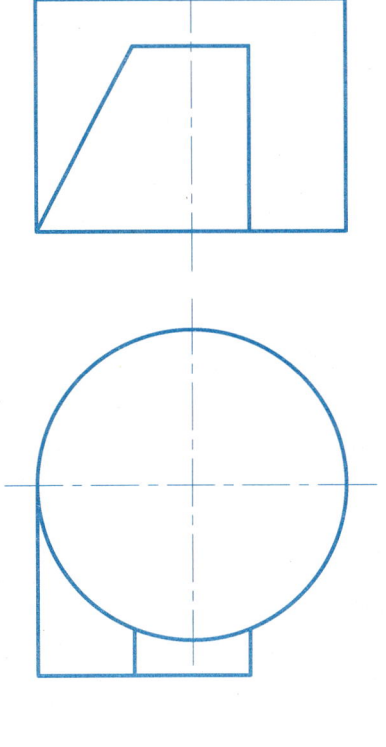

26.求梯形柱与圆台表面的交线,并作侧面投影。

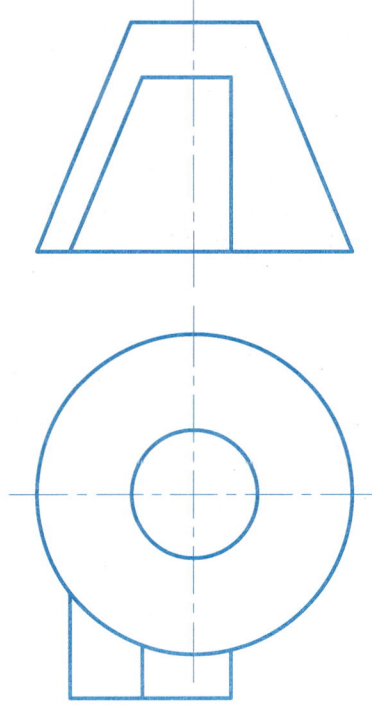

班级　　　姓名

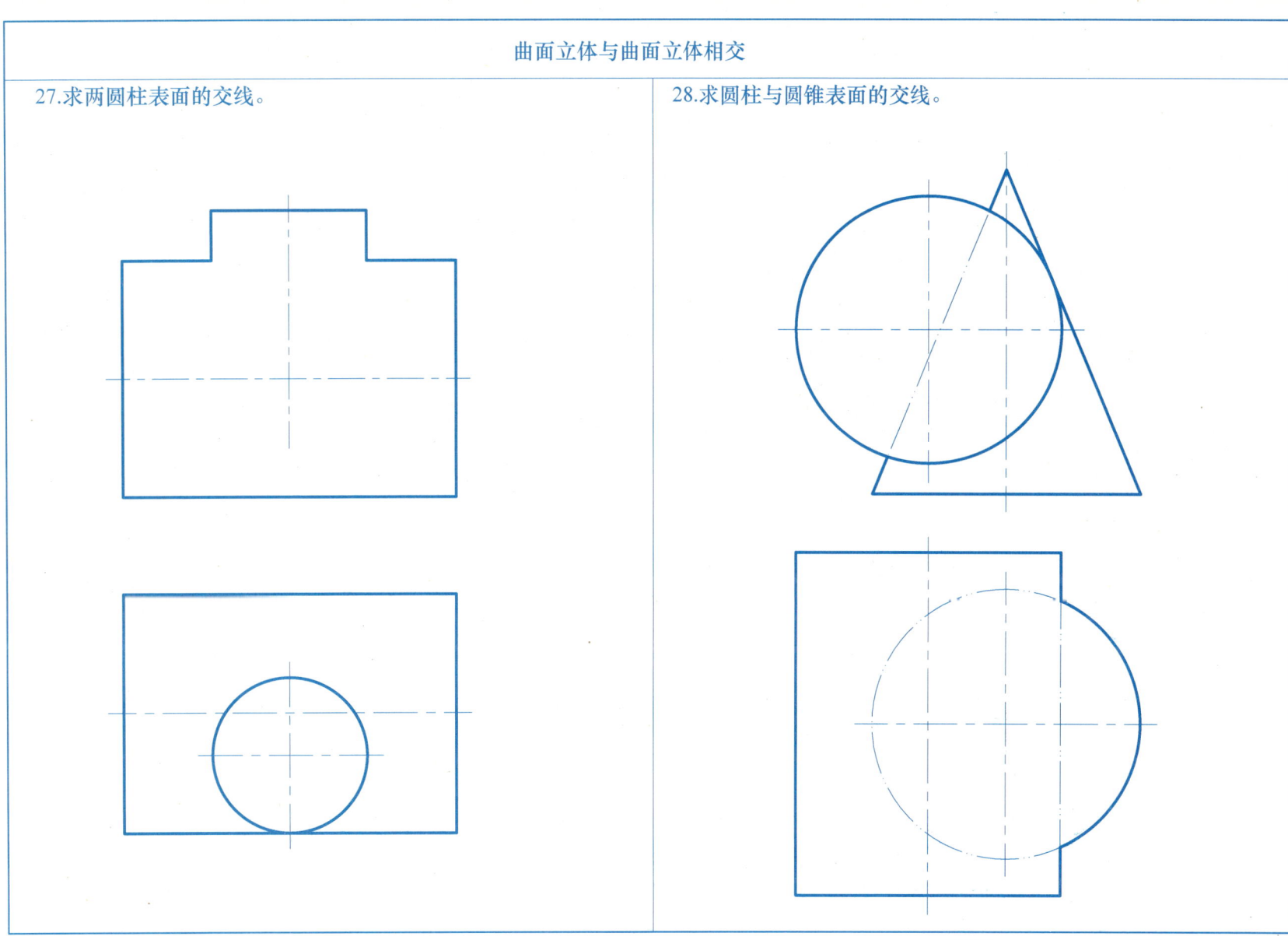

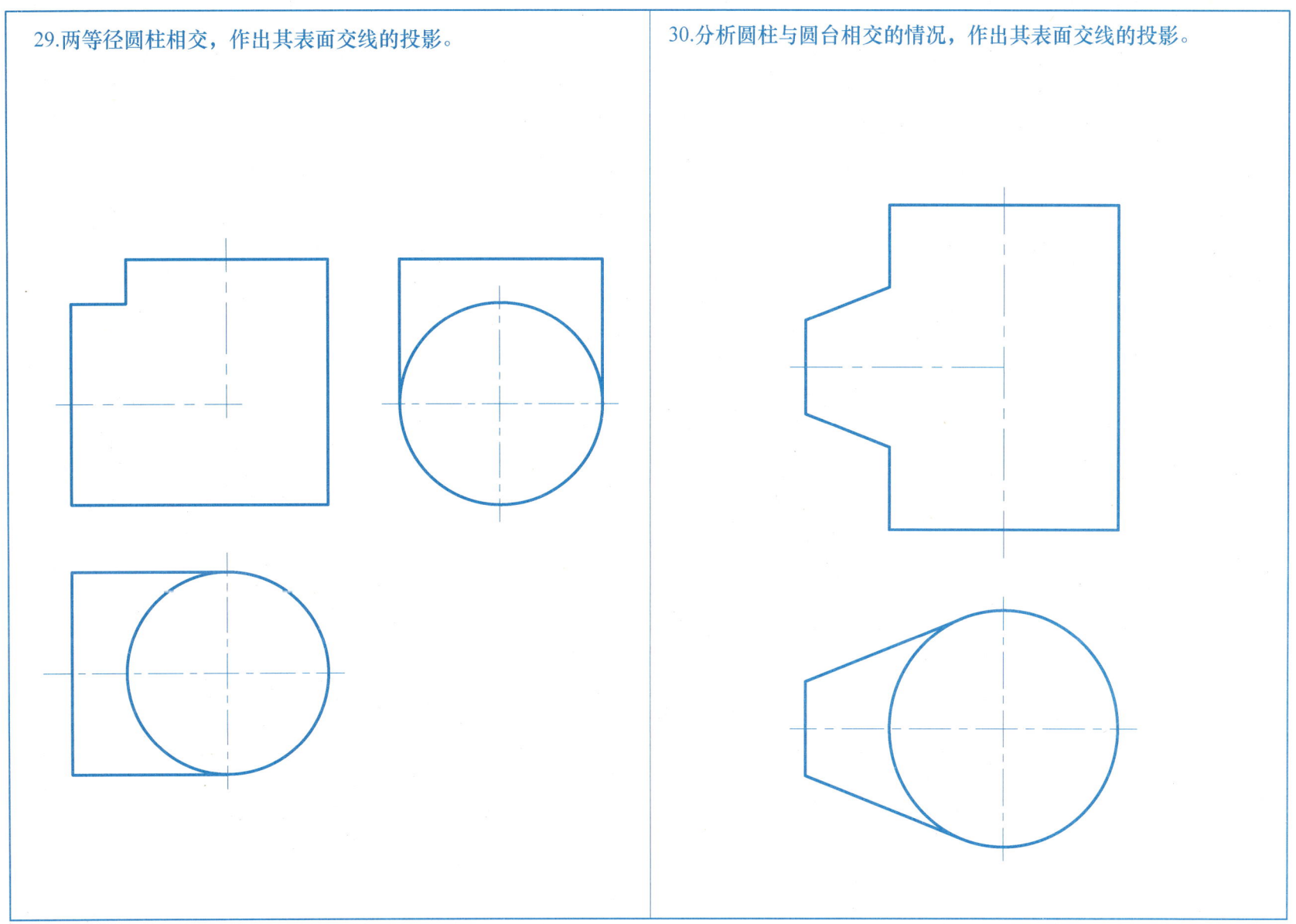

1.5 轴测投影　　　　　　　　　　正等轴测投影

1.作出下列各形体的正等测图。

(1)　　　　　　　　　　　　　　(2)

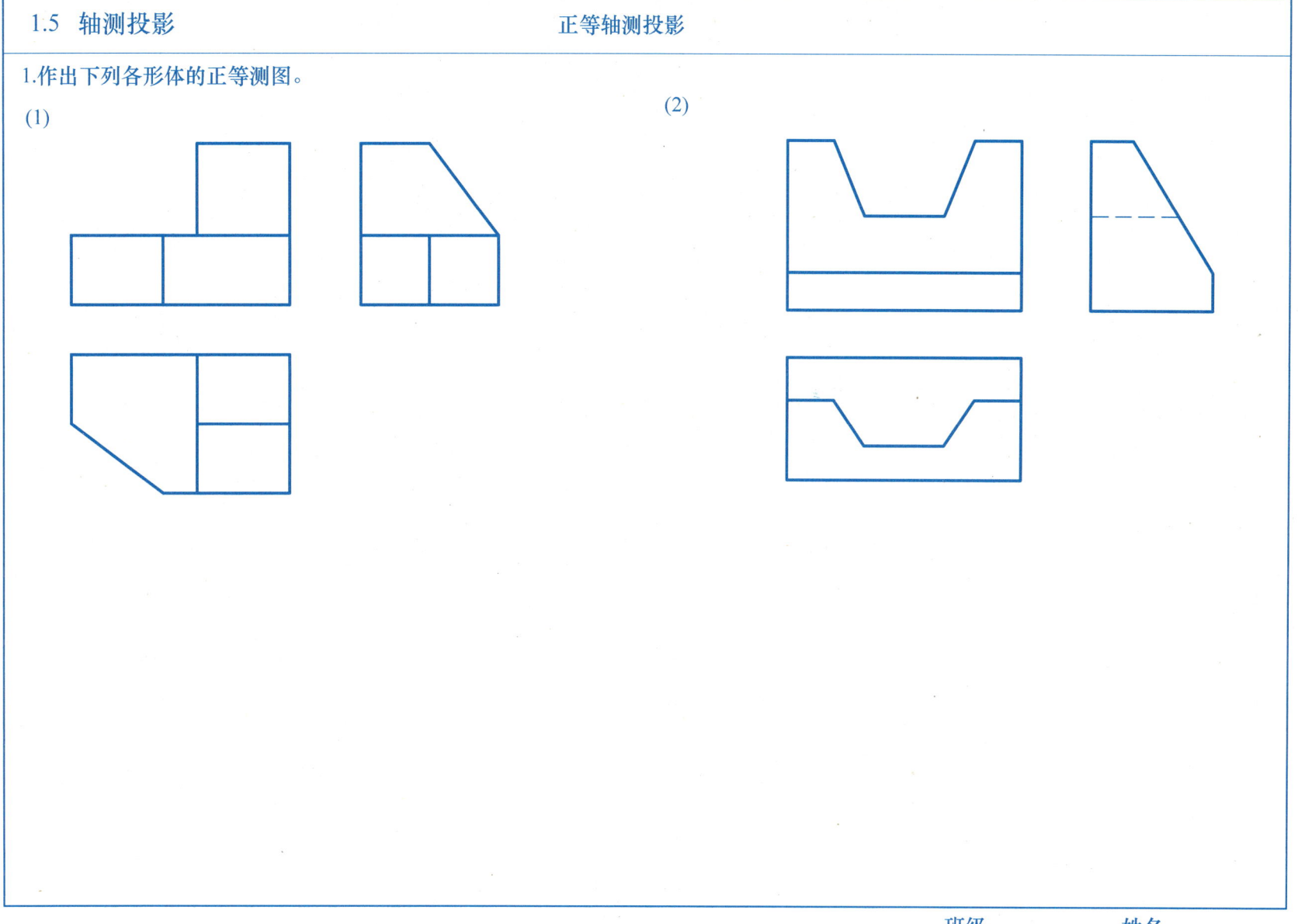

班级　　　姓名

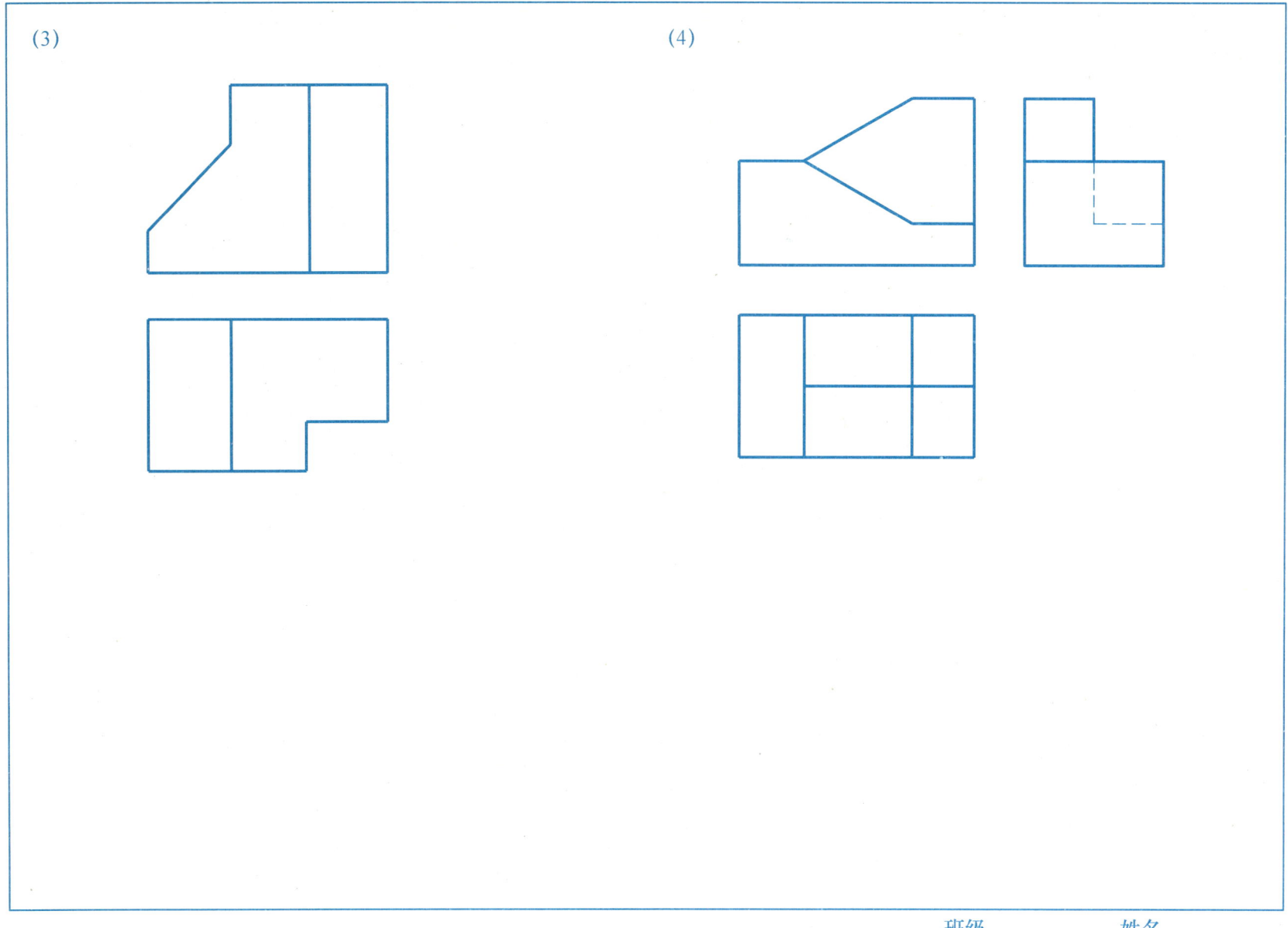

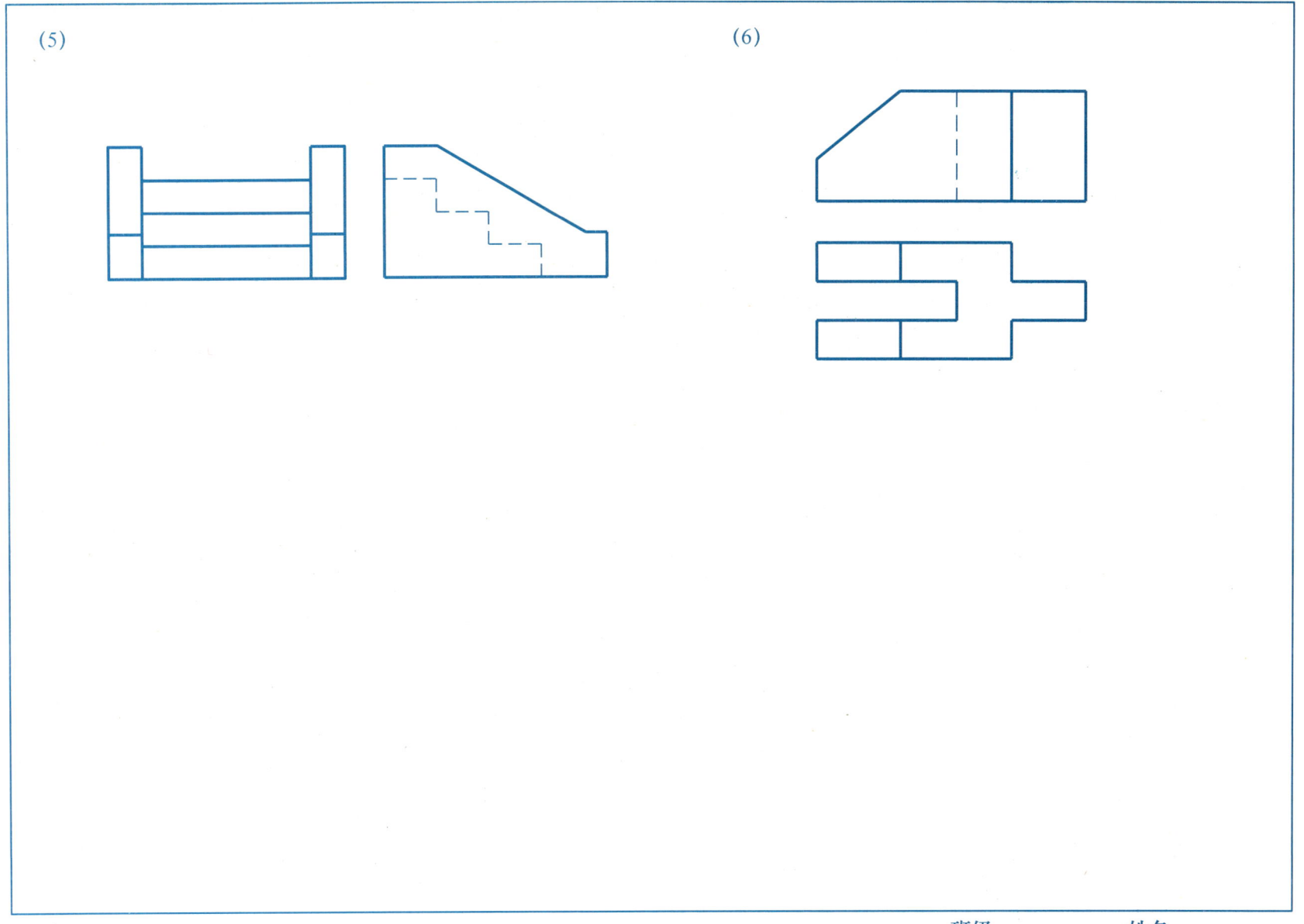

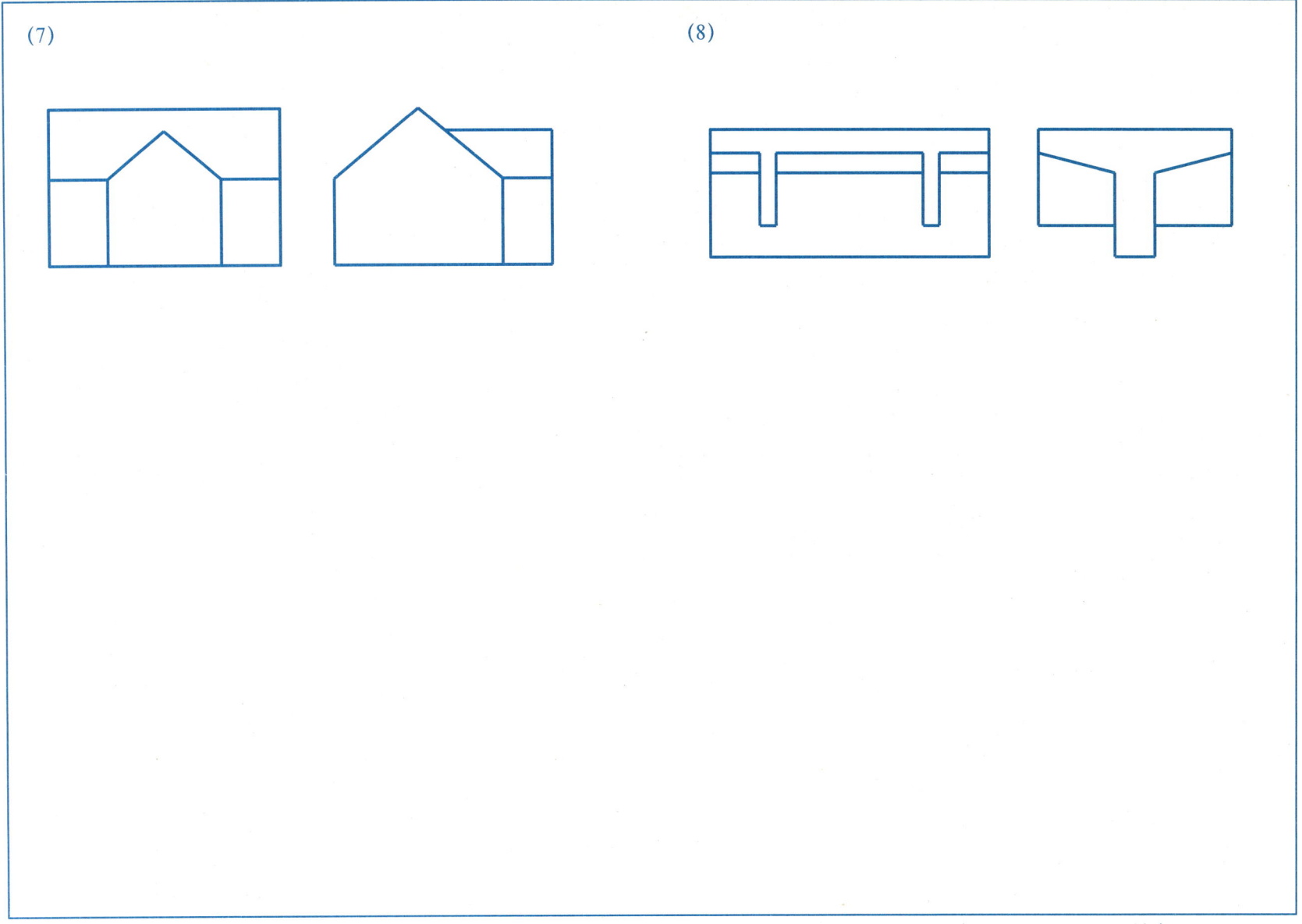

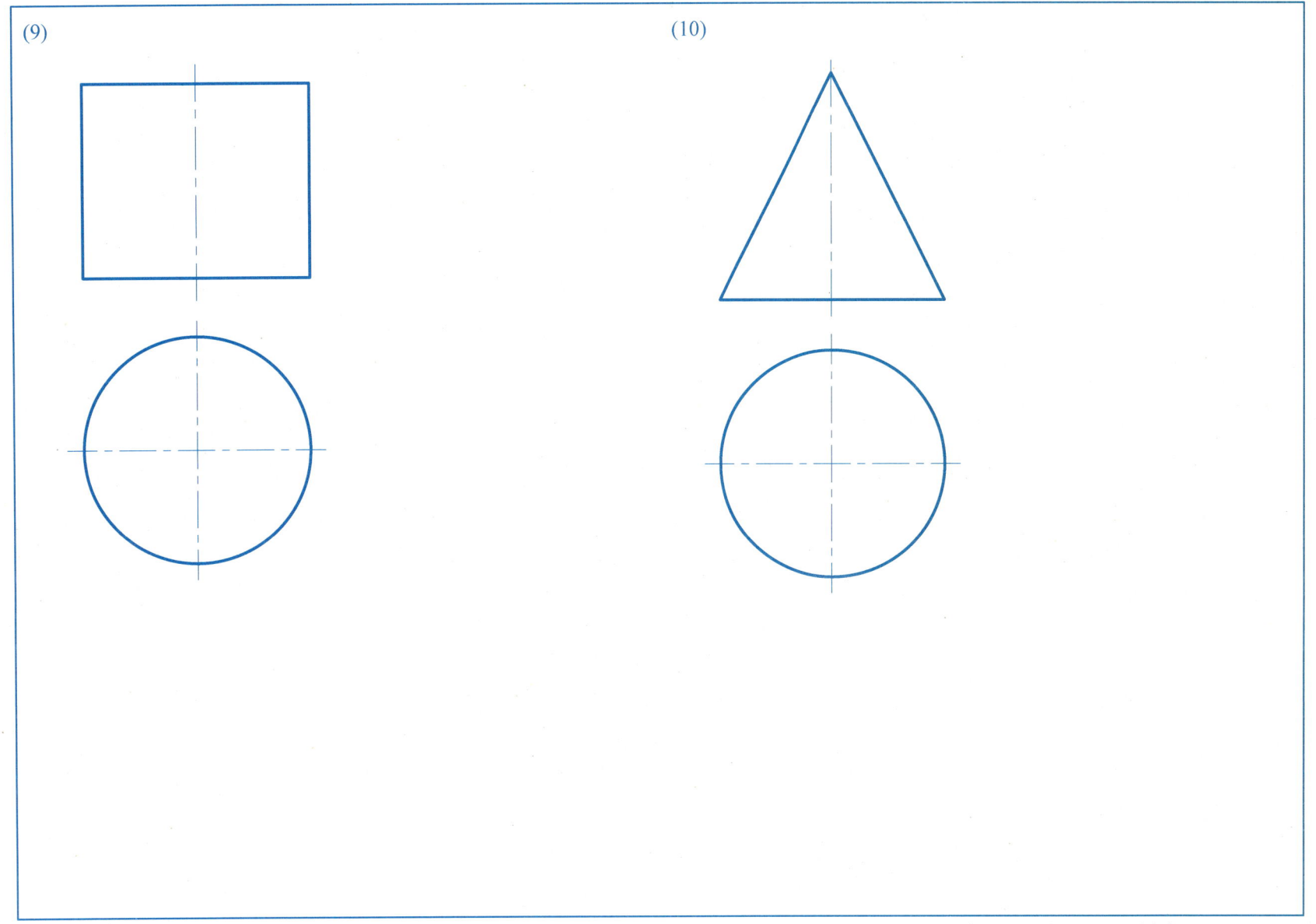

斜轴测投影

2.作出下列形体的斜二测图。

(1)　　　　　　　　　　　　　(2)

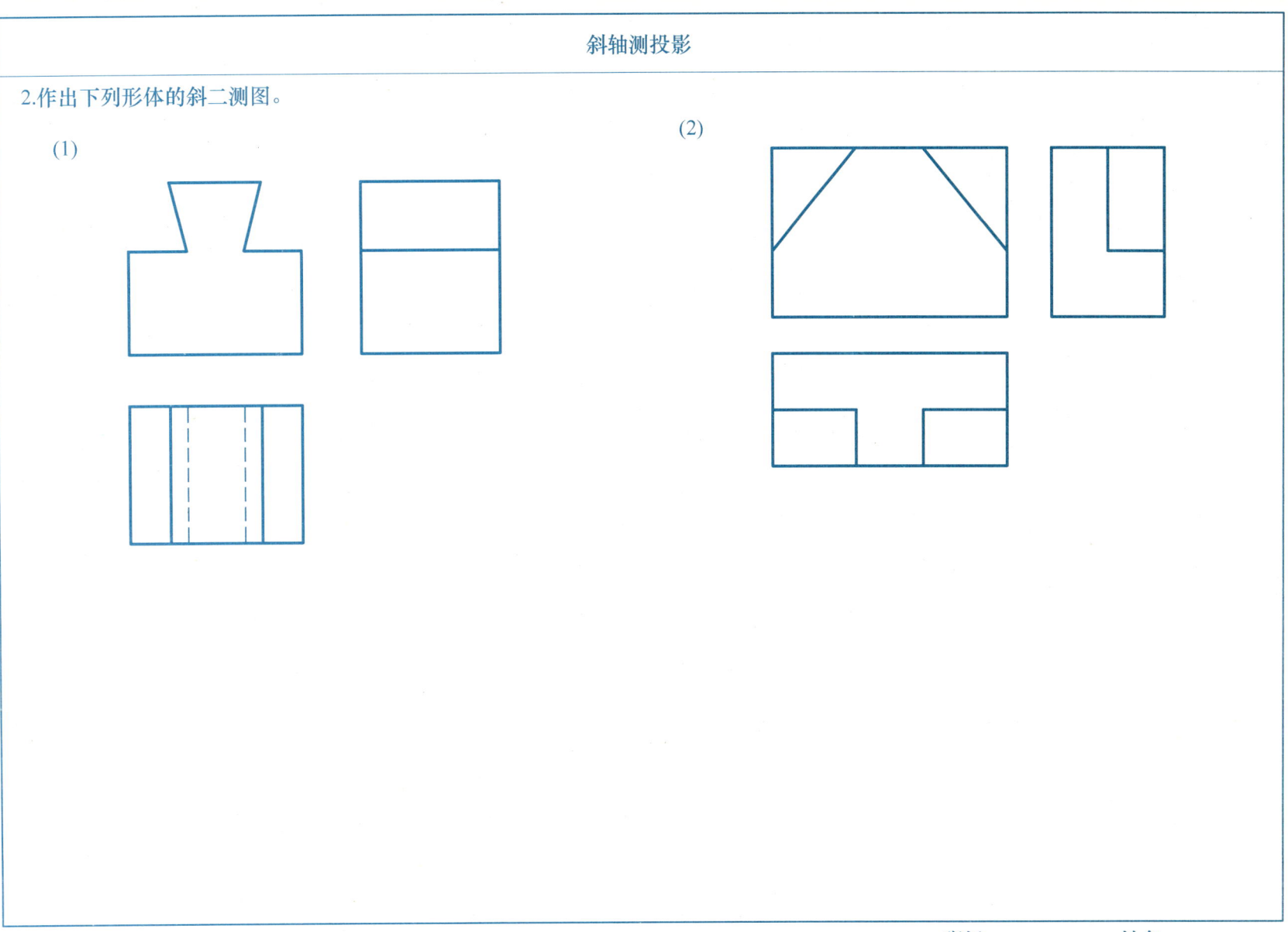

班级　　　　姓名

(3)

(4)

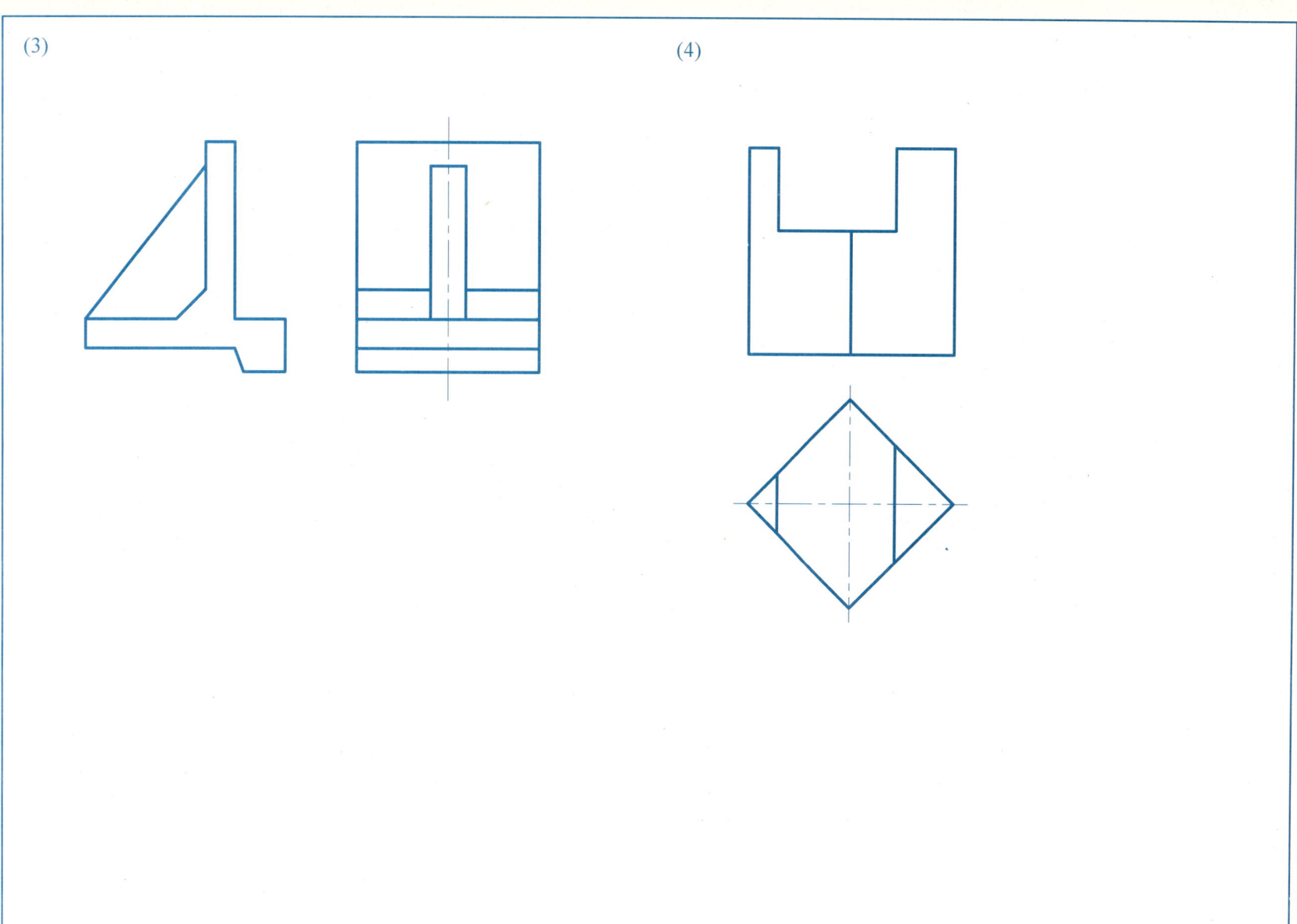

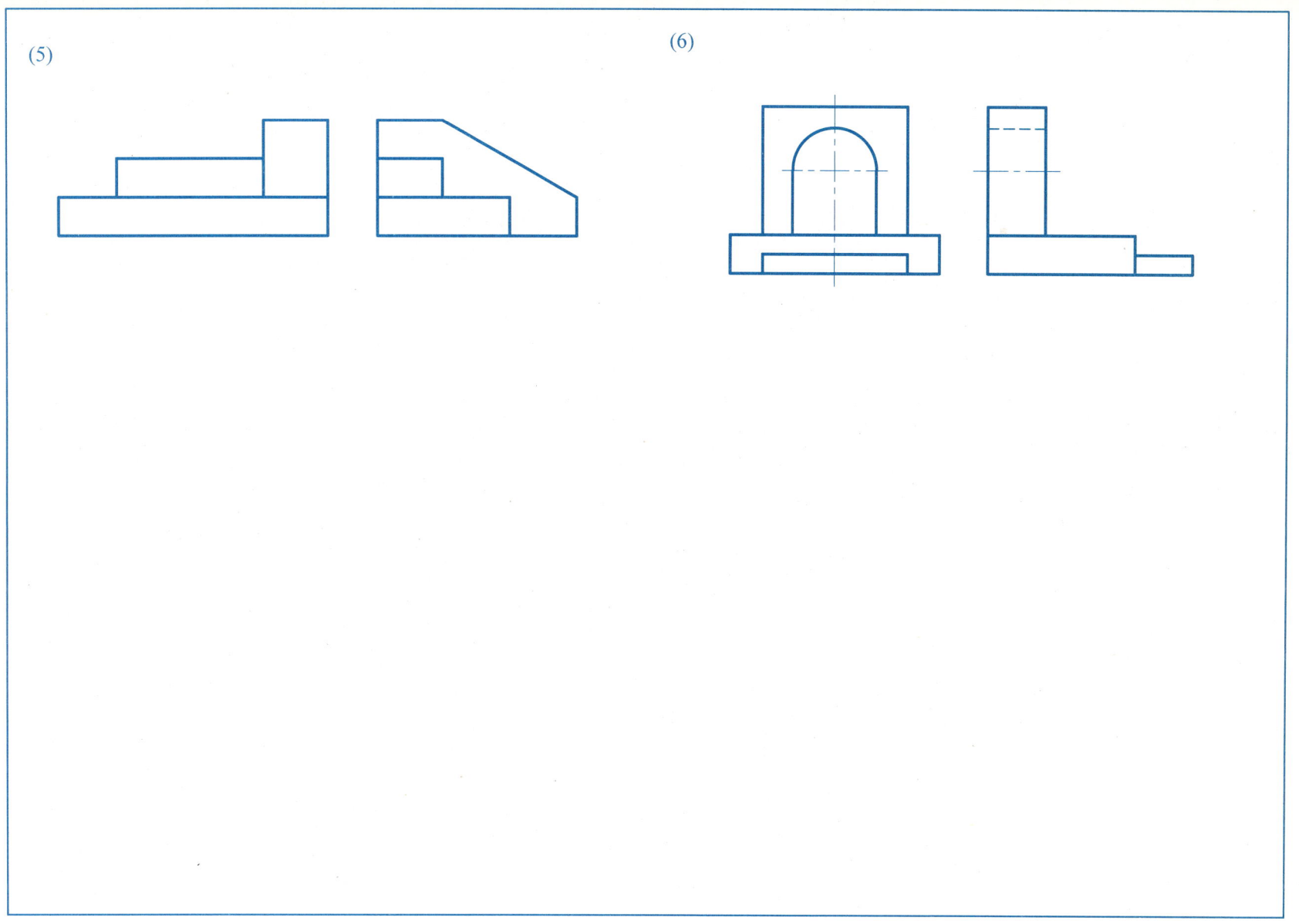

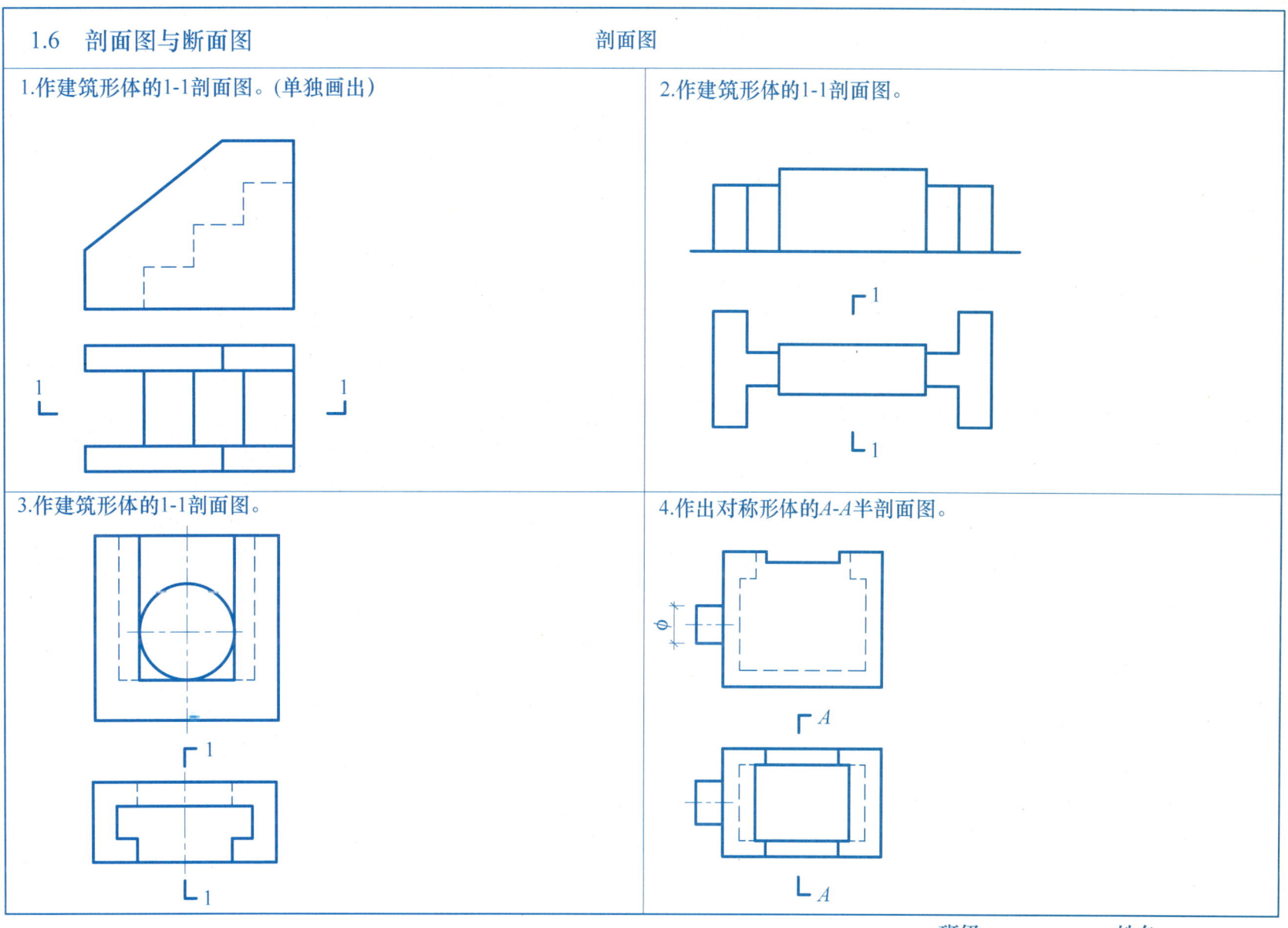

5.作房屋的1-1剖面图。

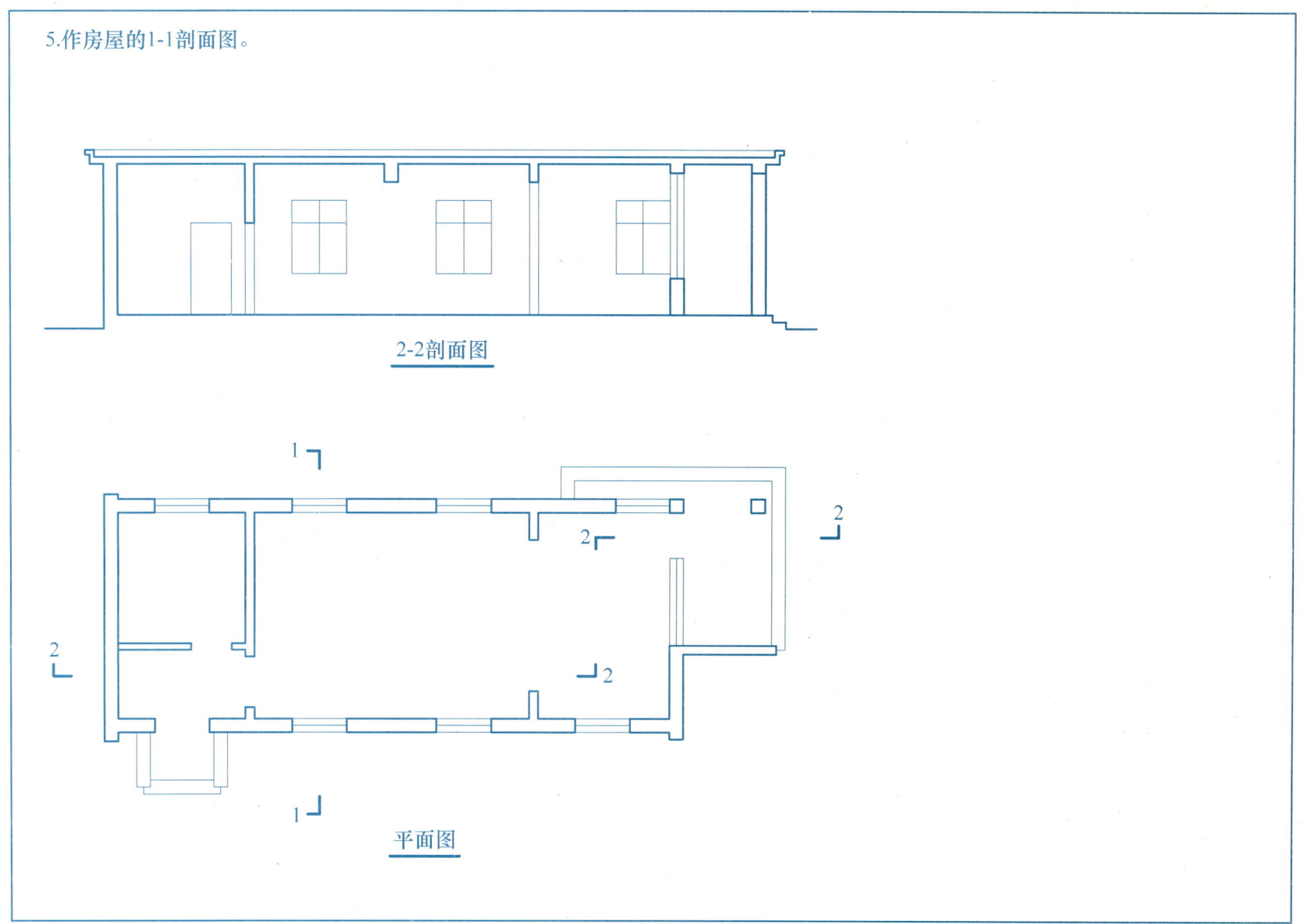

2-2剖面图

平面图

班级　　　姓名

6. 作A-A阶梯剖面图。（画在指定位置上）

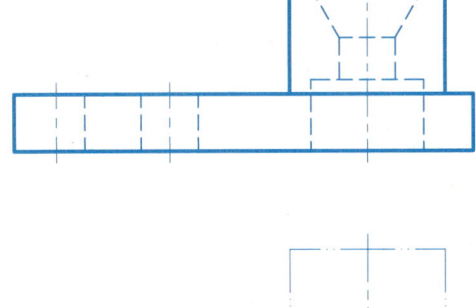

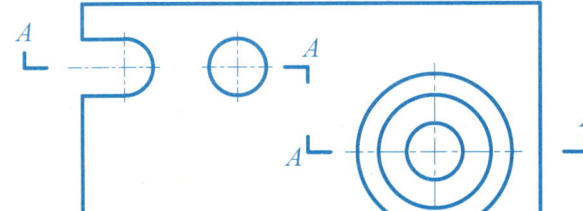

7. 将该题改成适当的剖面图。

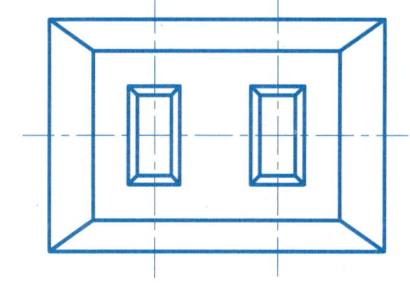

班级　　　姓名

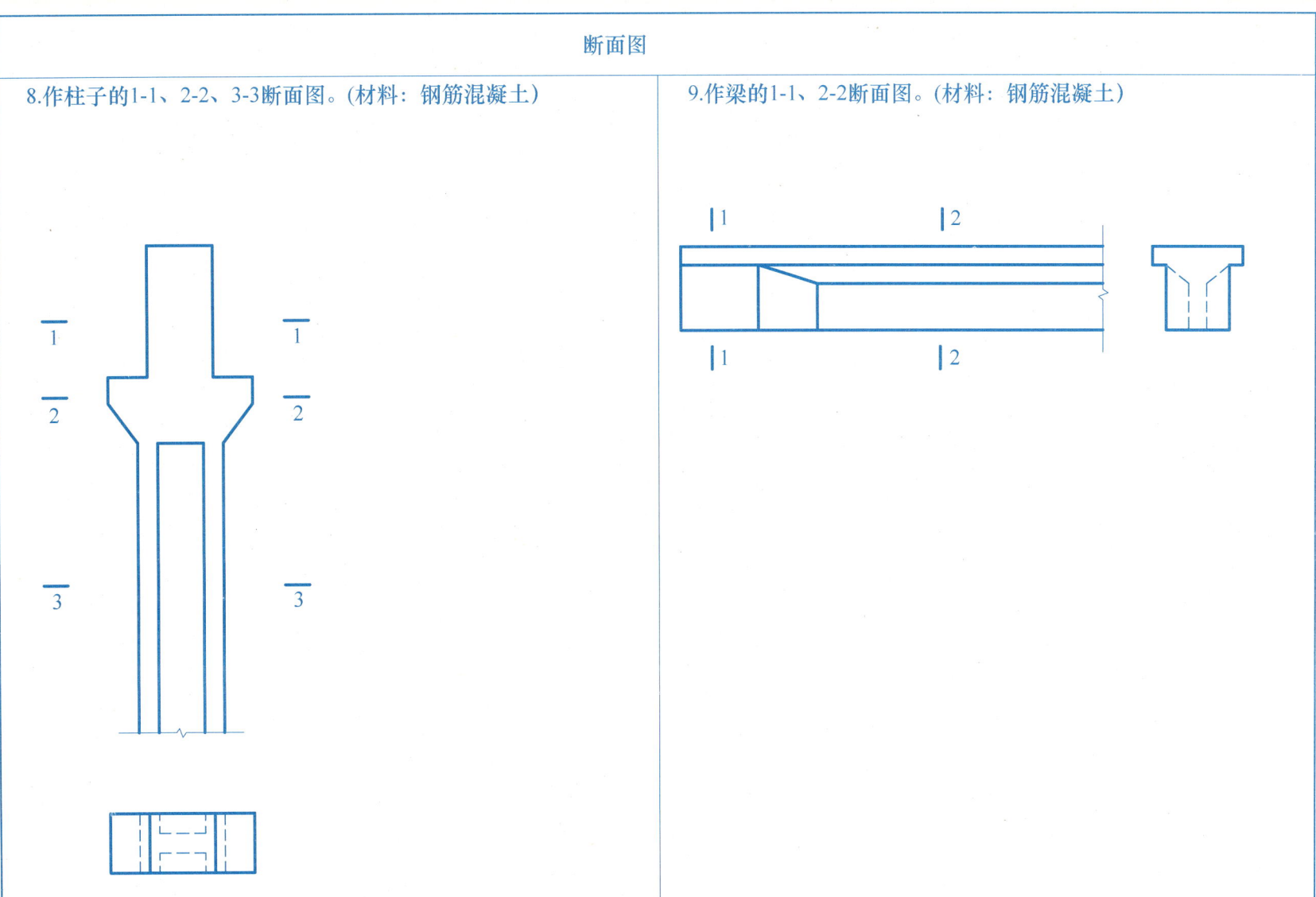

第 2 章 房屋建筑施工图

2.1 建筑平面图
2 号库房一层平面图的阅读

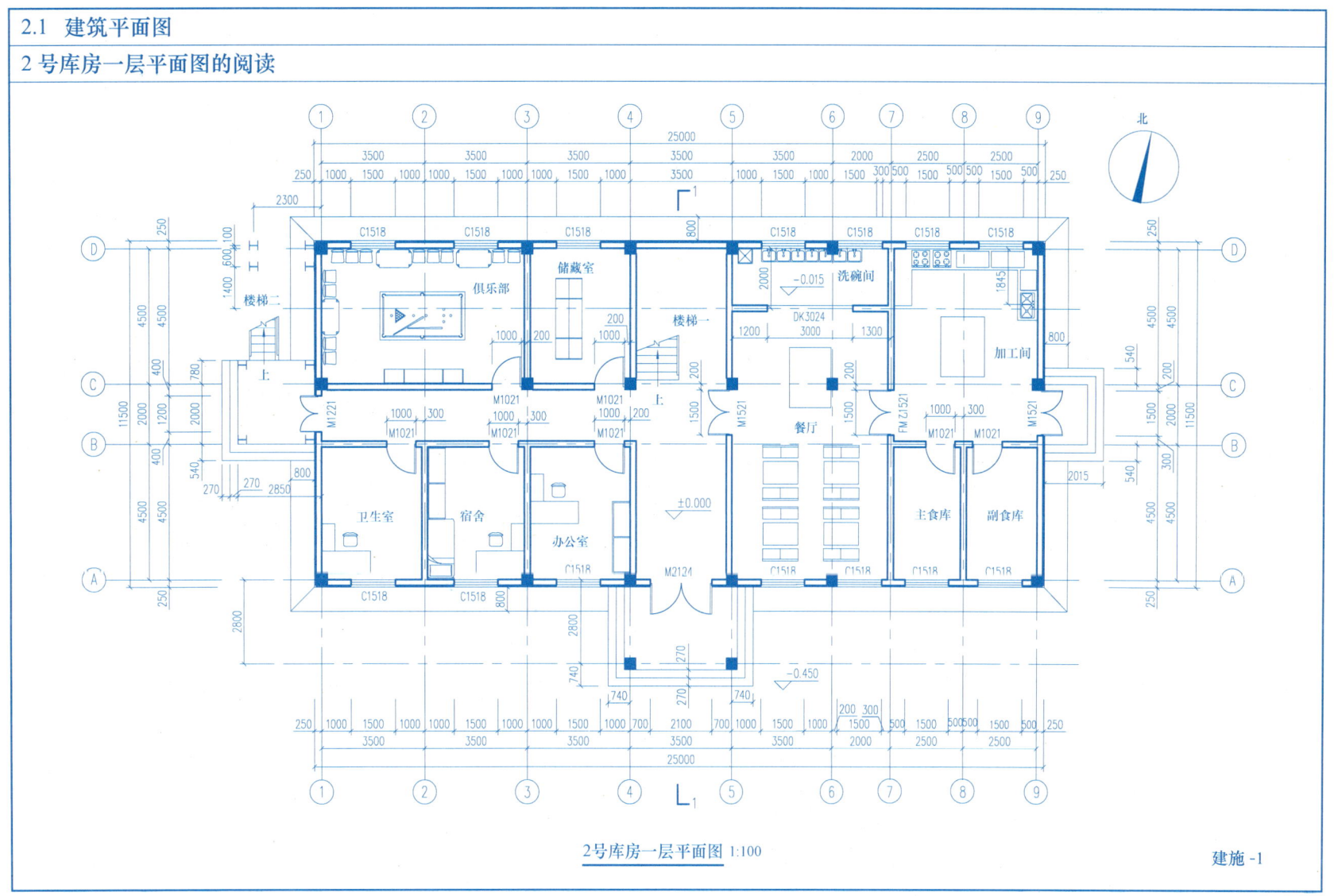

2号库房一层平面图 1:100

建施-1

班级　　　　姓名

2号库房二层平面图的阅读

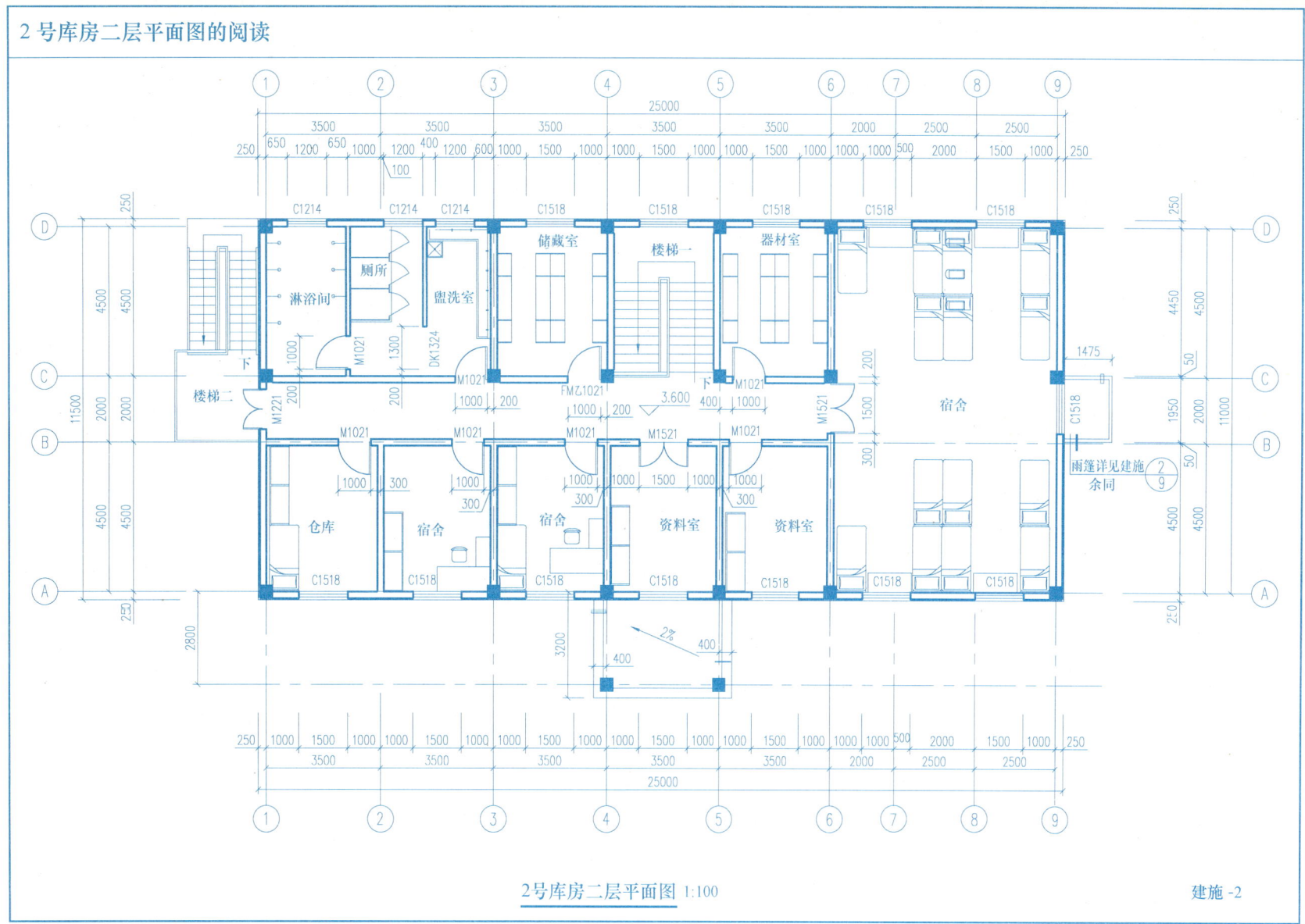

2号库房二层平面图 1:100

建施-2

2号库房屋顶层平面图的阅读

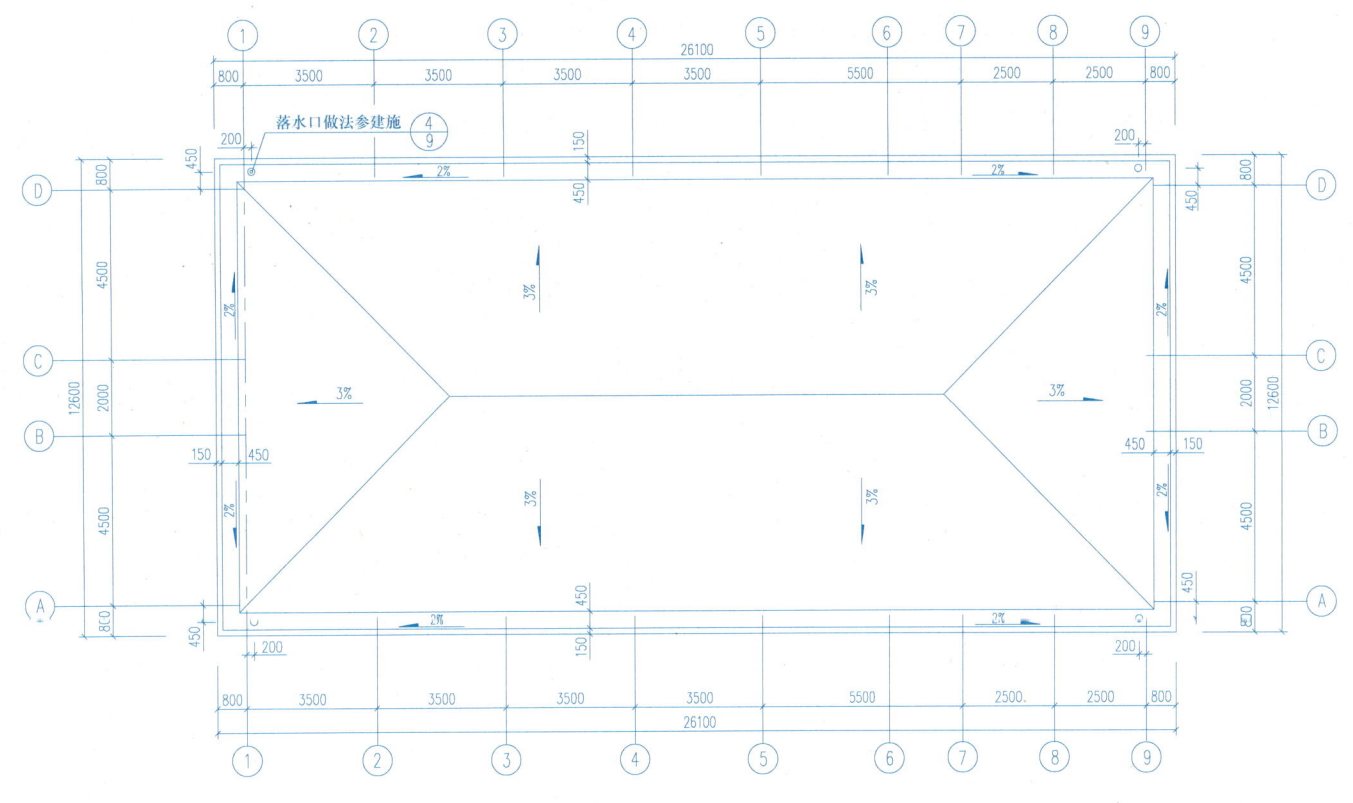

2号库房屋顶层平面图 1:100

建施-3

班级　　　　姓名

2.2 建筑立面图　　2号库房①—⑨、⑨—①立面图的阅读

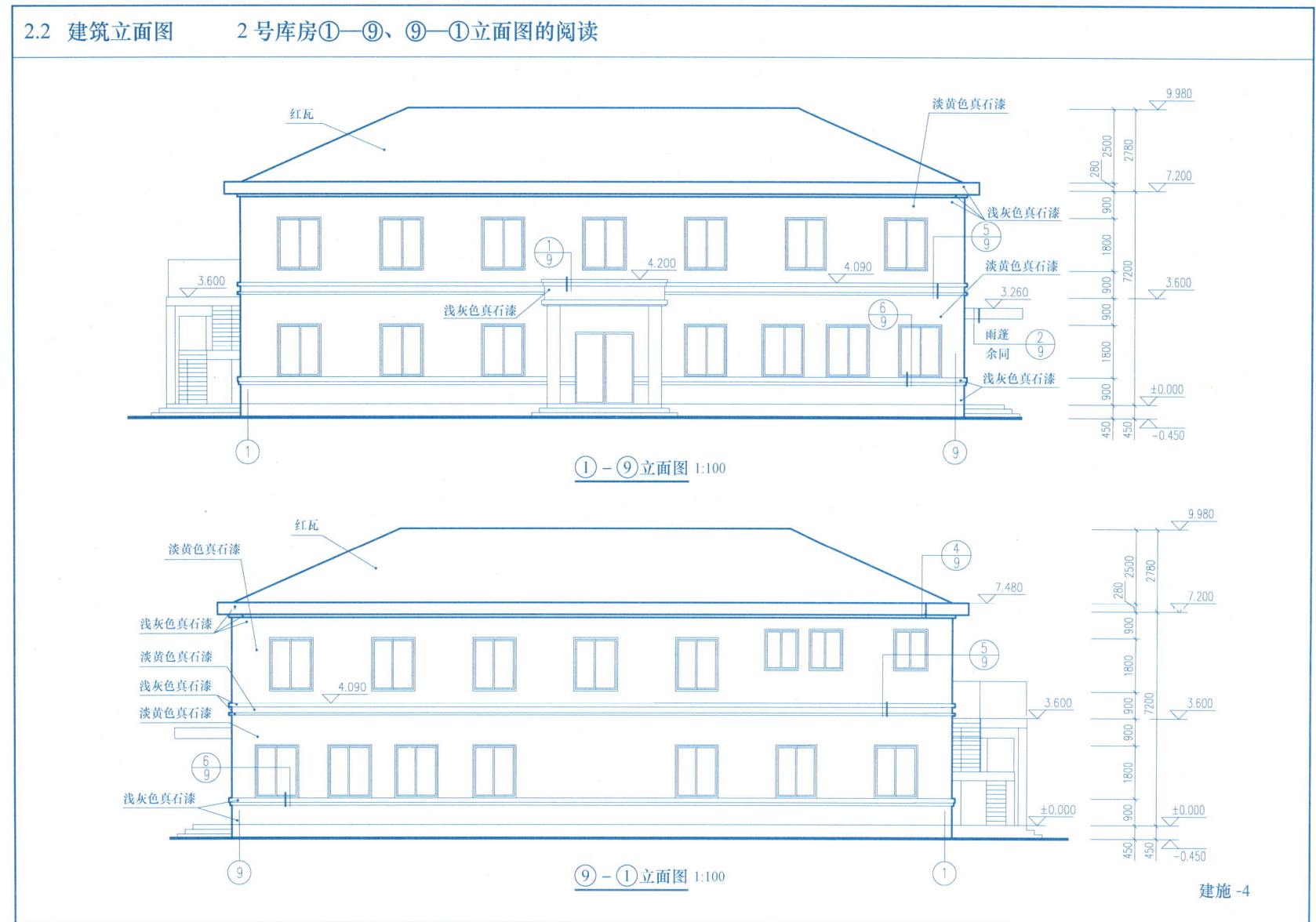

2号库房Ⓐ—Ⓓ、Ⓓ—Ⓐ立面图的阅读

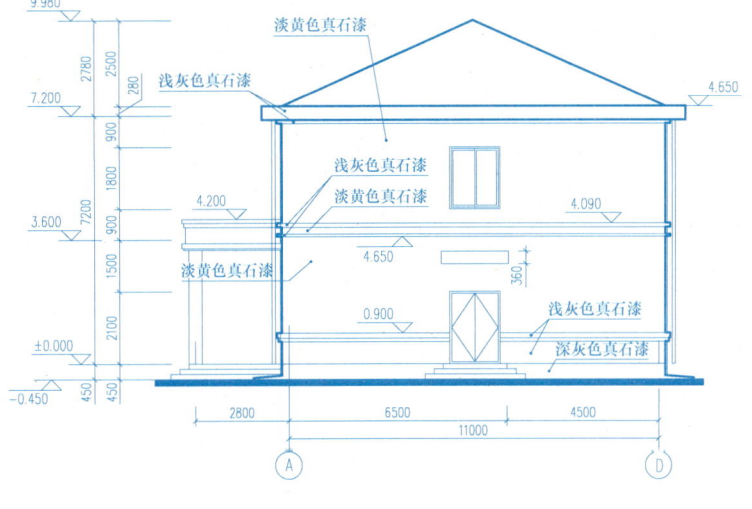

Ⓐ－Ⓓ 立面图 1:100

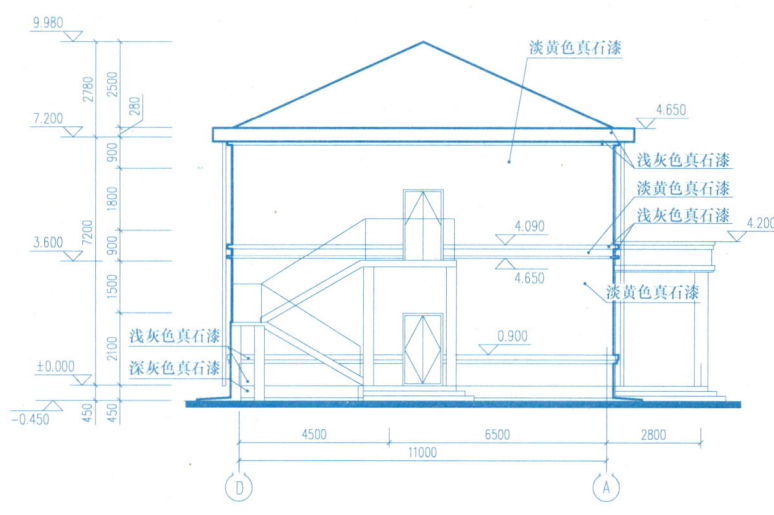

Ⓓ－Ⓐ 立面图 1:100

建施-5

班级　　　　姓名

2.3 建筑剖面图　　2号库房1-1剖面图的阅读

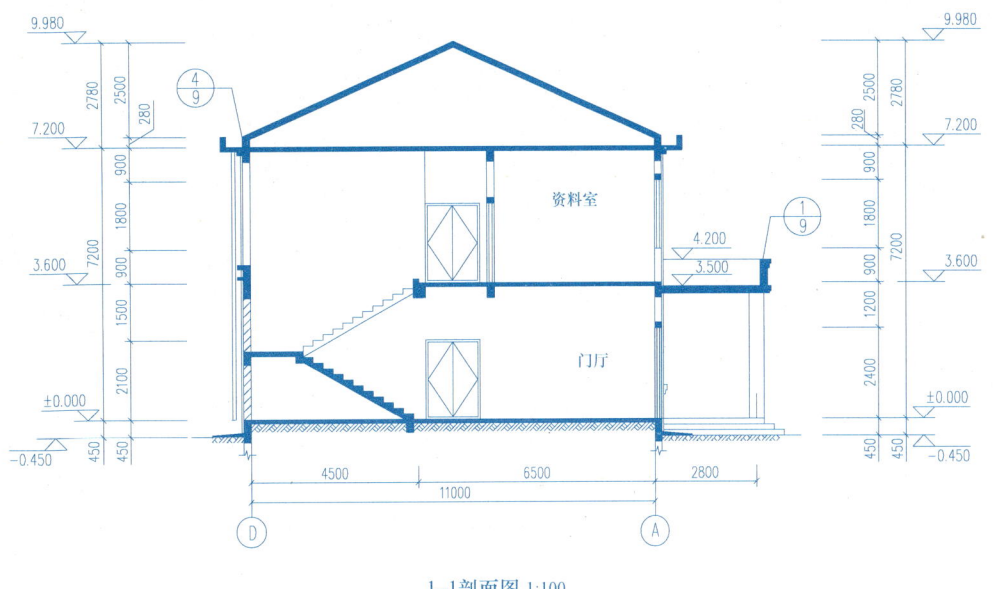

1-1剖面图 1:100

建施-6

2.4 建筑详图　　2号库房楼梯详图的阅读（一）

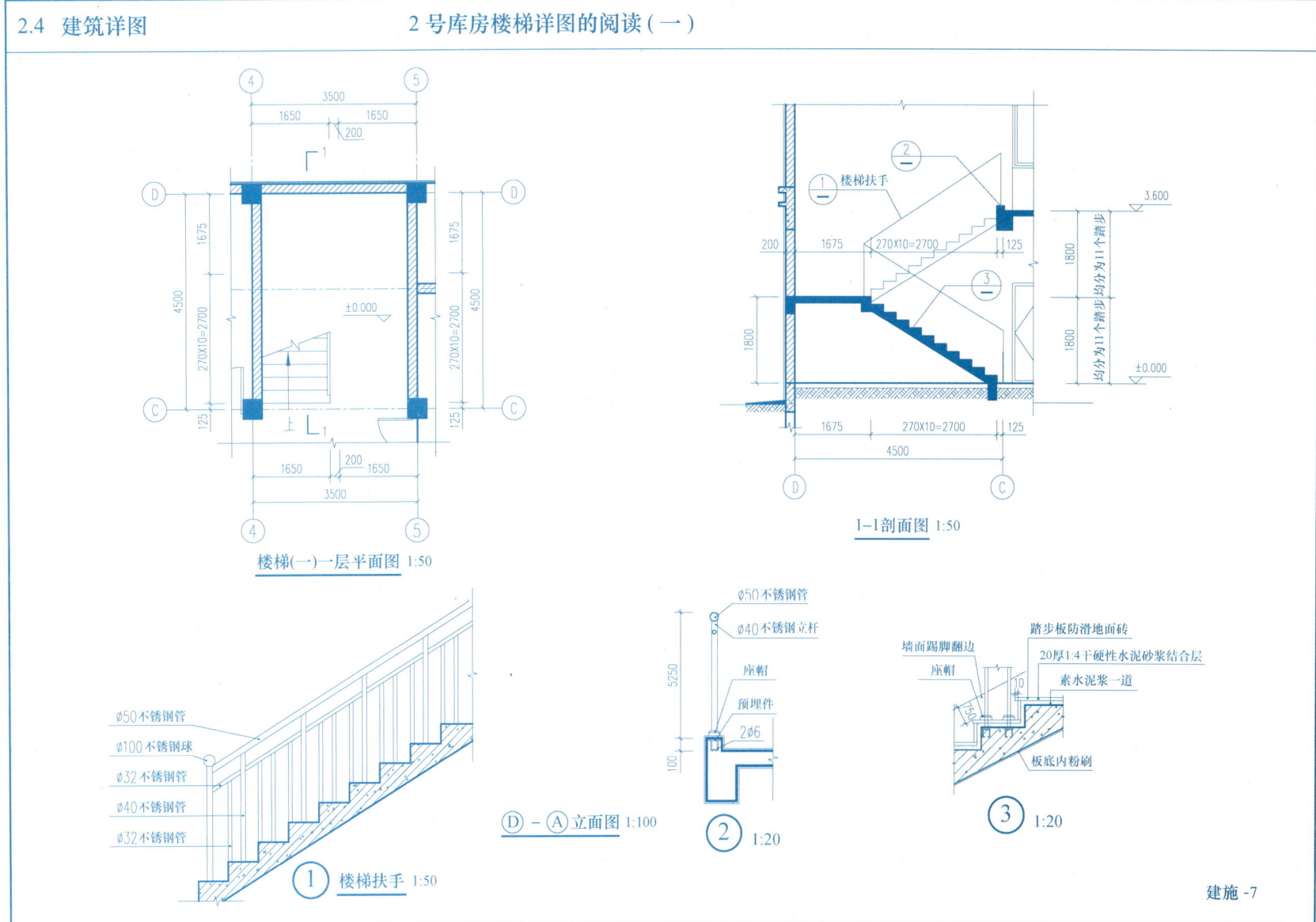

建施-7

2号库房楼梯详图的阅读（二）

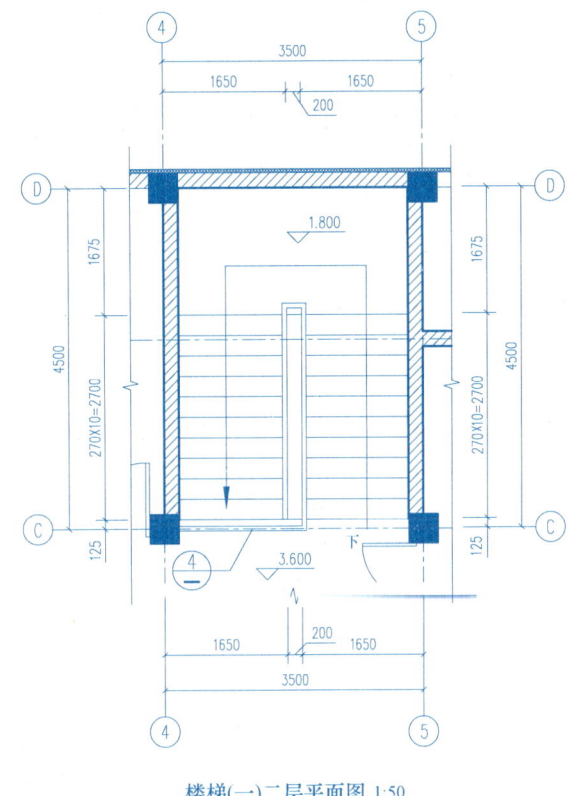

楼梯(一)二层平面图 1:50

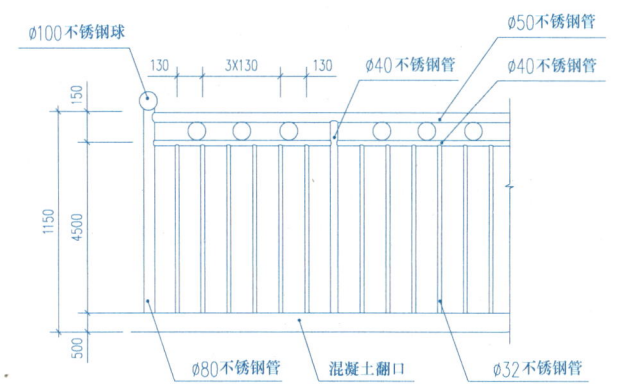

④ 水平不锈钢护栏 1:20

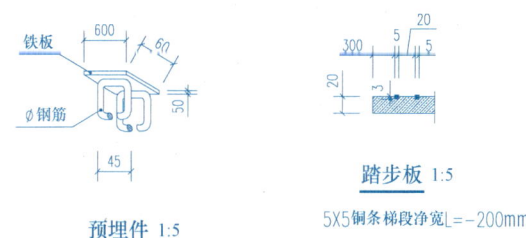

预埋件 1:5

踏步板 1:5

5X5铜条 梯段净宽L=-200mm

建施-8

班级　　　姓名

2号库房局部详图的阅读

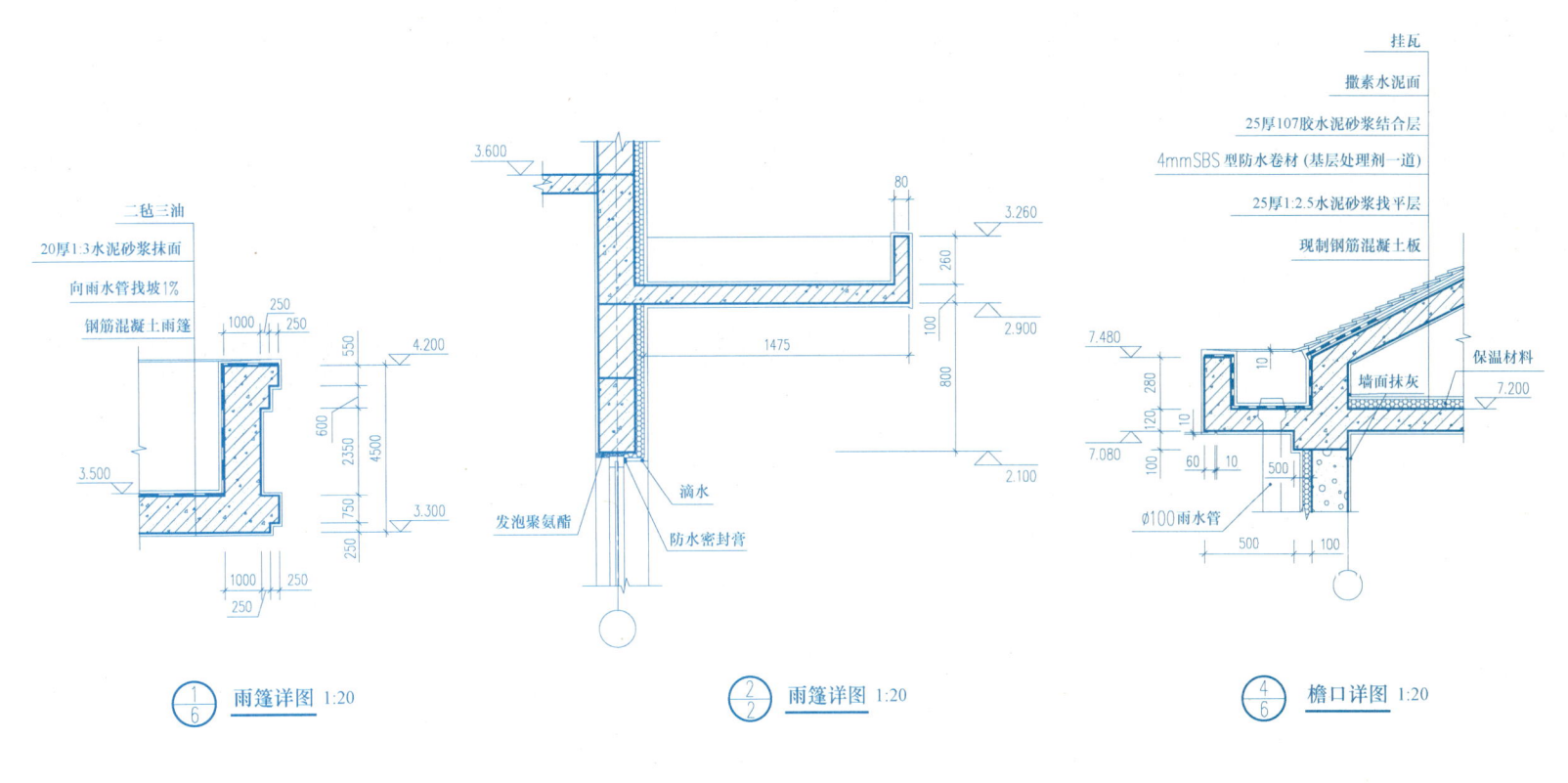

第3章 房屋建筑结构施工图

3.1 钢筋混凝土结构图

2号库房一层柱配筋图的阅读

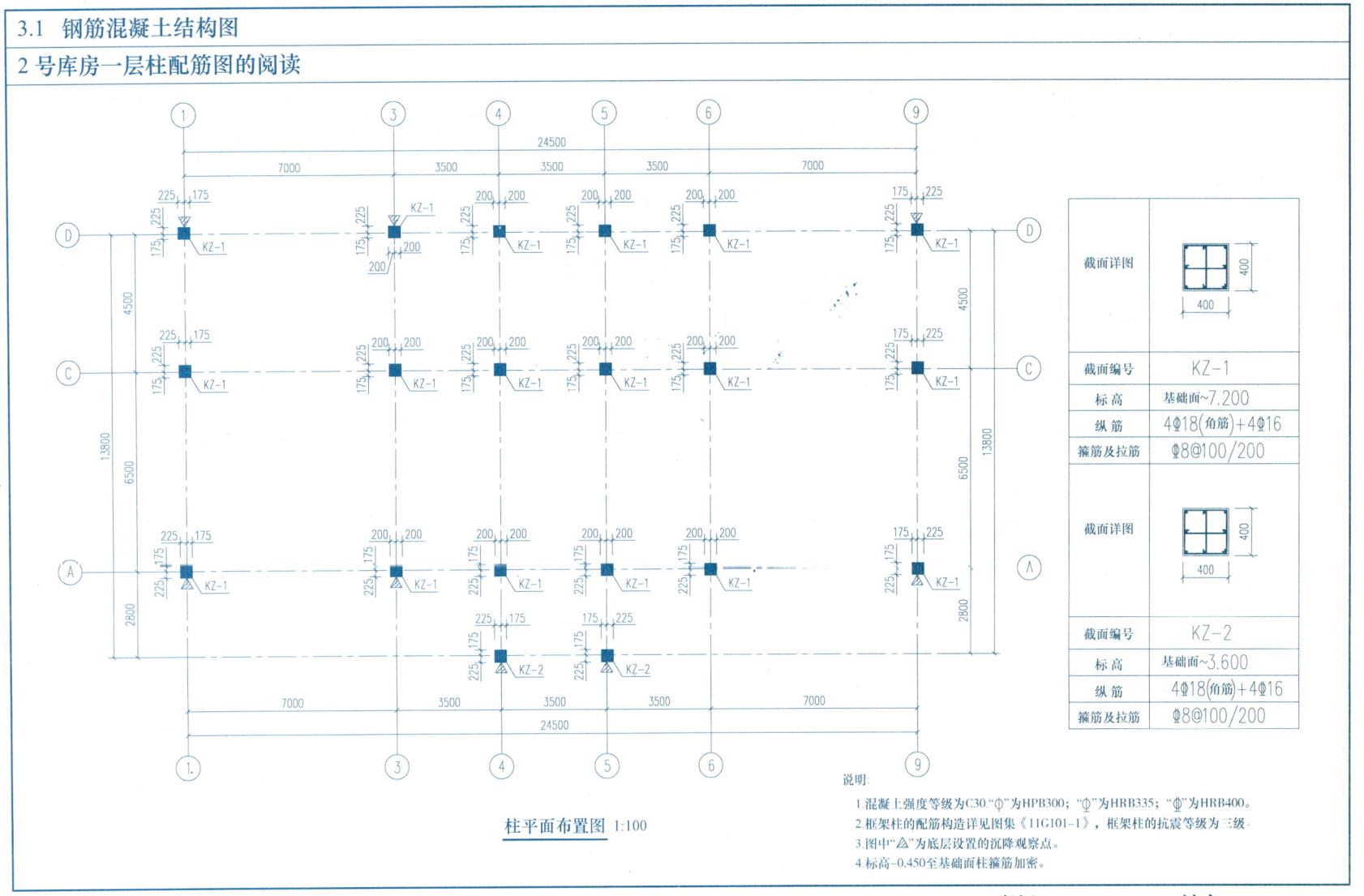

2号库房二层梁配筋图的阅读

二层楼面梁配筋平面图 1:100

2号库房二层板配筋图的阅读

二层楼面板配筋平面图 1:100

2号库房屋面梁配筋图的阅读

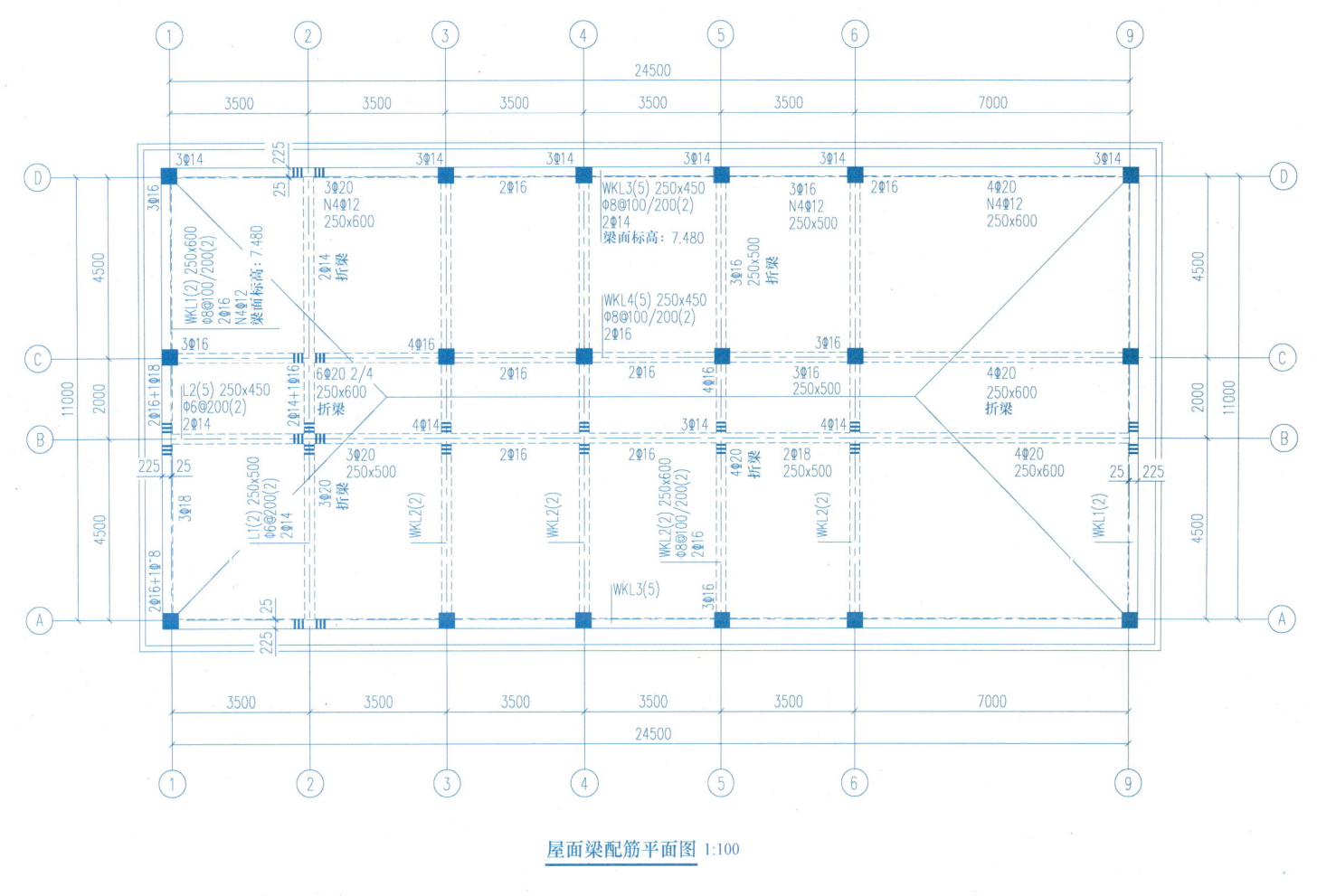

屋面梁配筋平面图 1:100

班级　　　　姓名

2号库房屋面板配筋图的阅读

屋面板配筋平面图 1:100

说明
1. 混凝土强度等级为C30。
2. 未注的现浇板厚均为120，Φ8@150双层双向拉通；未注的板面标高随建筑标高的变化而变化。
3. 未标注与轴偏心尺寸的梁均居轴线中或与柱平。

班级　　　　姓名

2号库房楼梯配筋图的阅读

楼梯A-A剖面图 1:100

楼梯 标高-0.050~1.750结构平面图 1:50

楼梯 标高1.750~3.550结构平面图 1:50

① 1:25

TL-1

TZ-1

TB-1 1:40

说明：
1. 混凝土强度等级为C30。
2. "ϕ"为HPB300；"Φ"为HRB335；"Φ"为HRB400。
3. 未注明的楼梯配筋构造参照国家标准图集《11G101-2》。
4. 请配合建施图预埋栏杆、扶手、埋件。
5. 未注明梁面标高同板面标高。
6. 楼梯梯段板上部支座钢筋沿板面拉通。
7. 其余说明详见结构设计总说明。

TB-2 1:40

3.2 基础图   2号库房基础结构及基础梁平面图的阅读

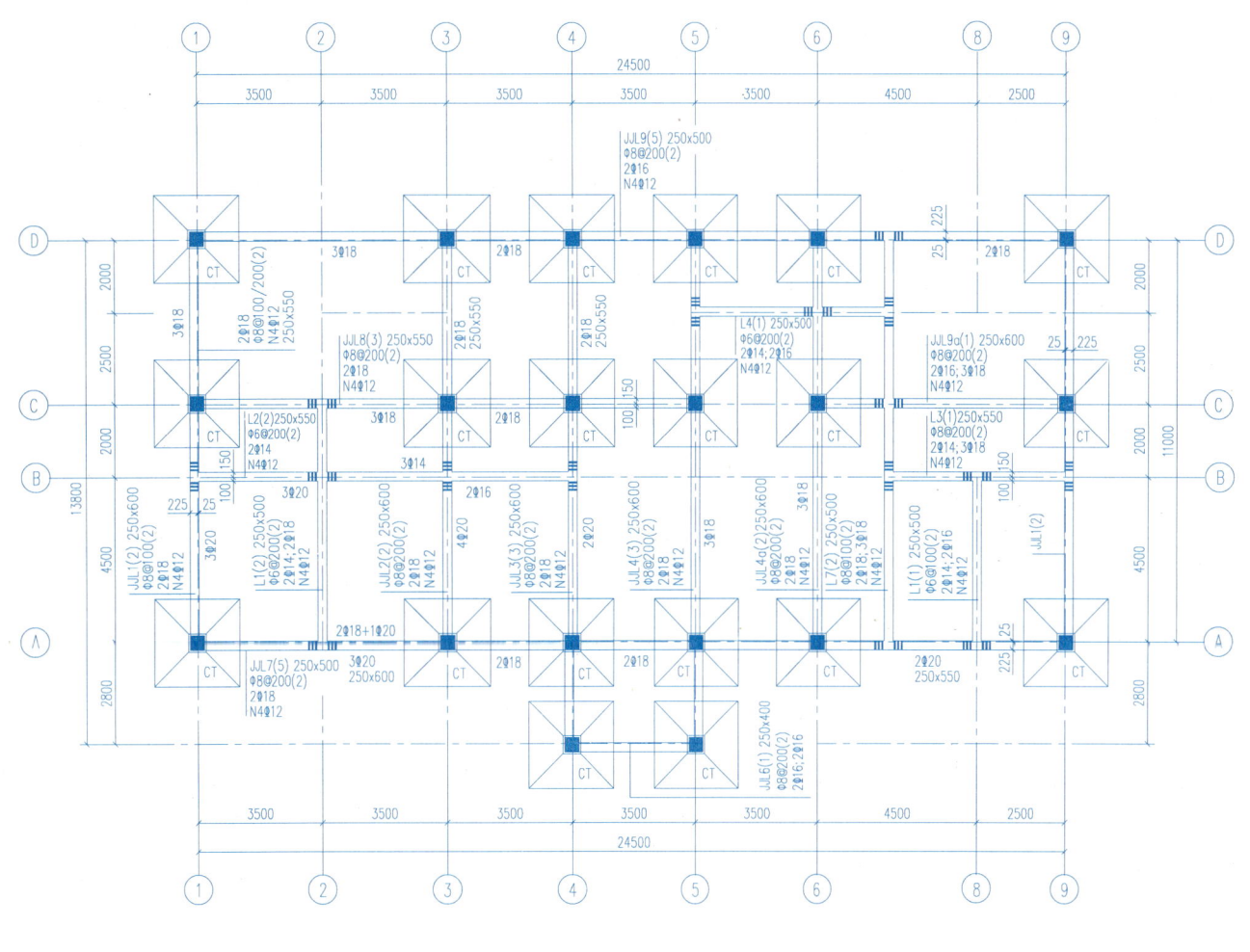

基础结构及基础梁平面图 1:100

2号车房基础详图的阅读

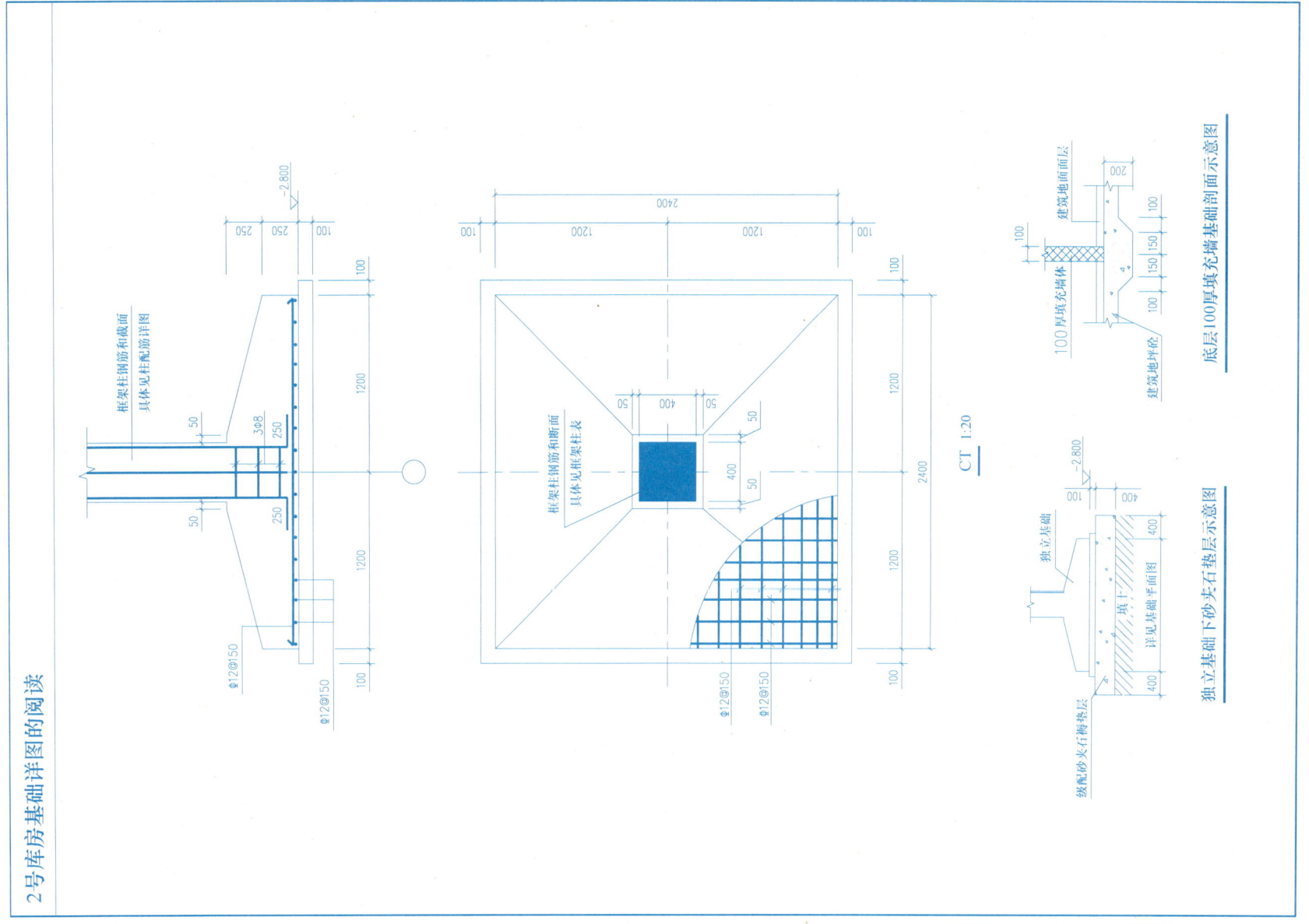

第4章 房屋建筑设备施工图

4.1 给水排水施工图

××工业园区办公楼一层给水平面图

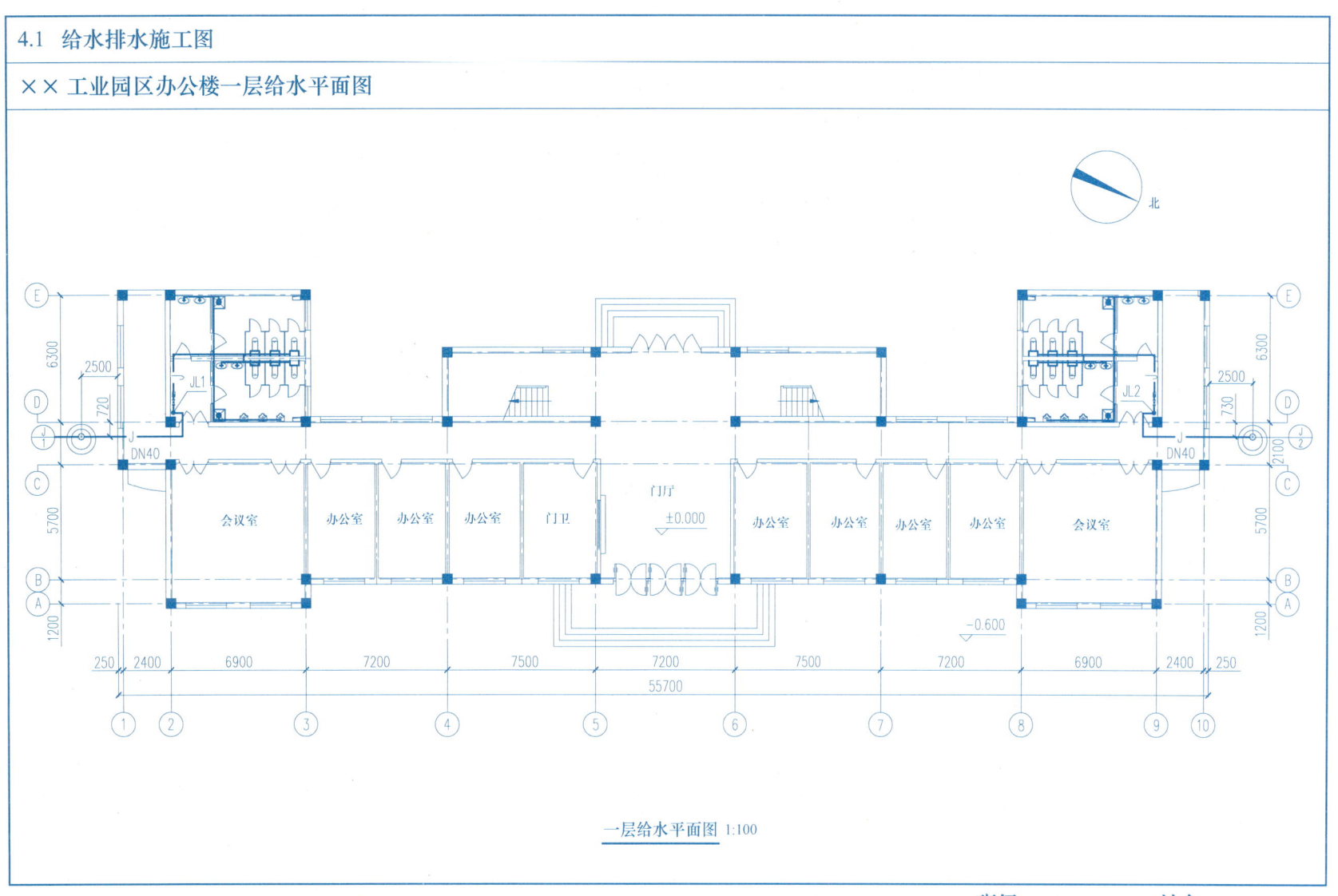

一层给水平面图 1:100

班级　　　　姓名

××工业园区办公楼二层~四层给水平面图

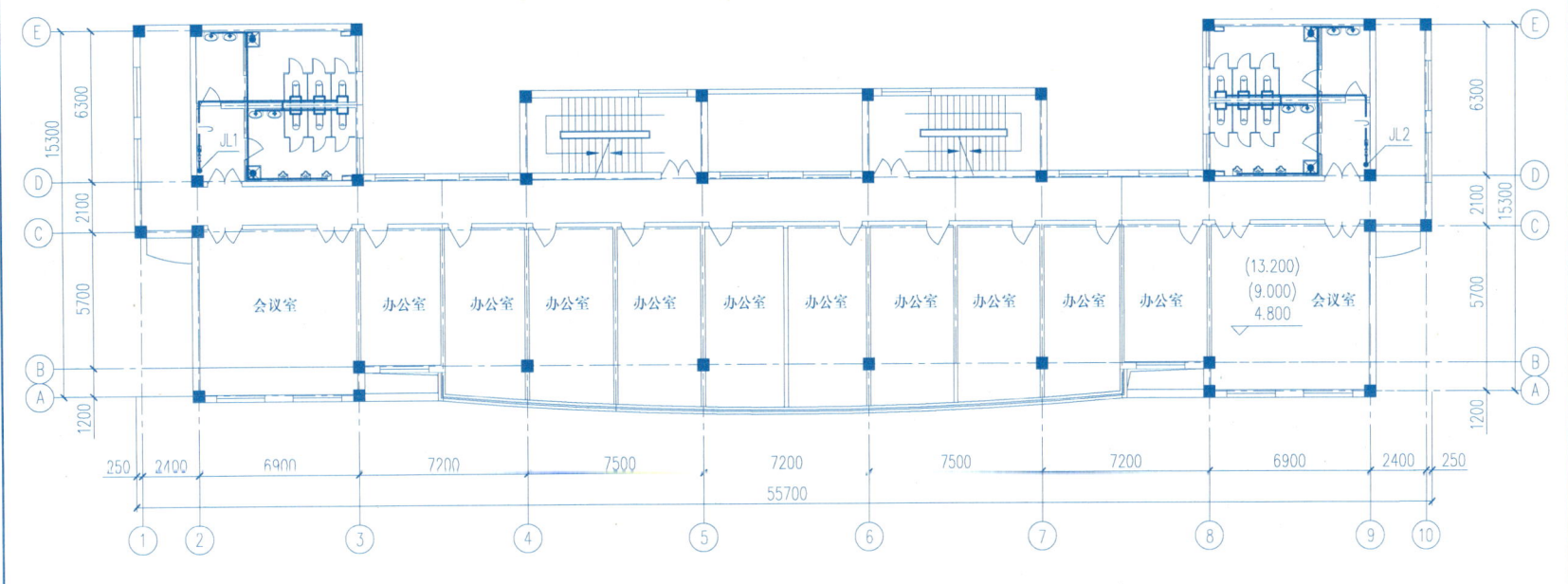

二~四层给水平面图 1:100

××工业园区办公楼给水系统图

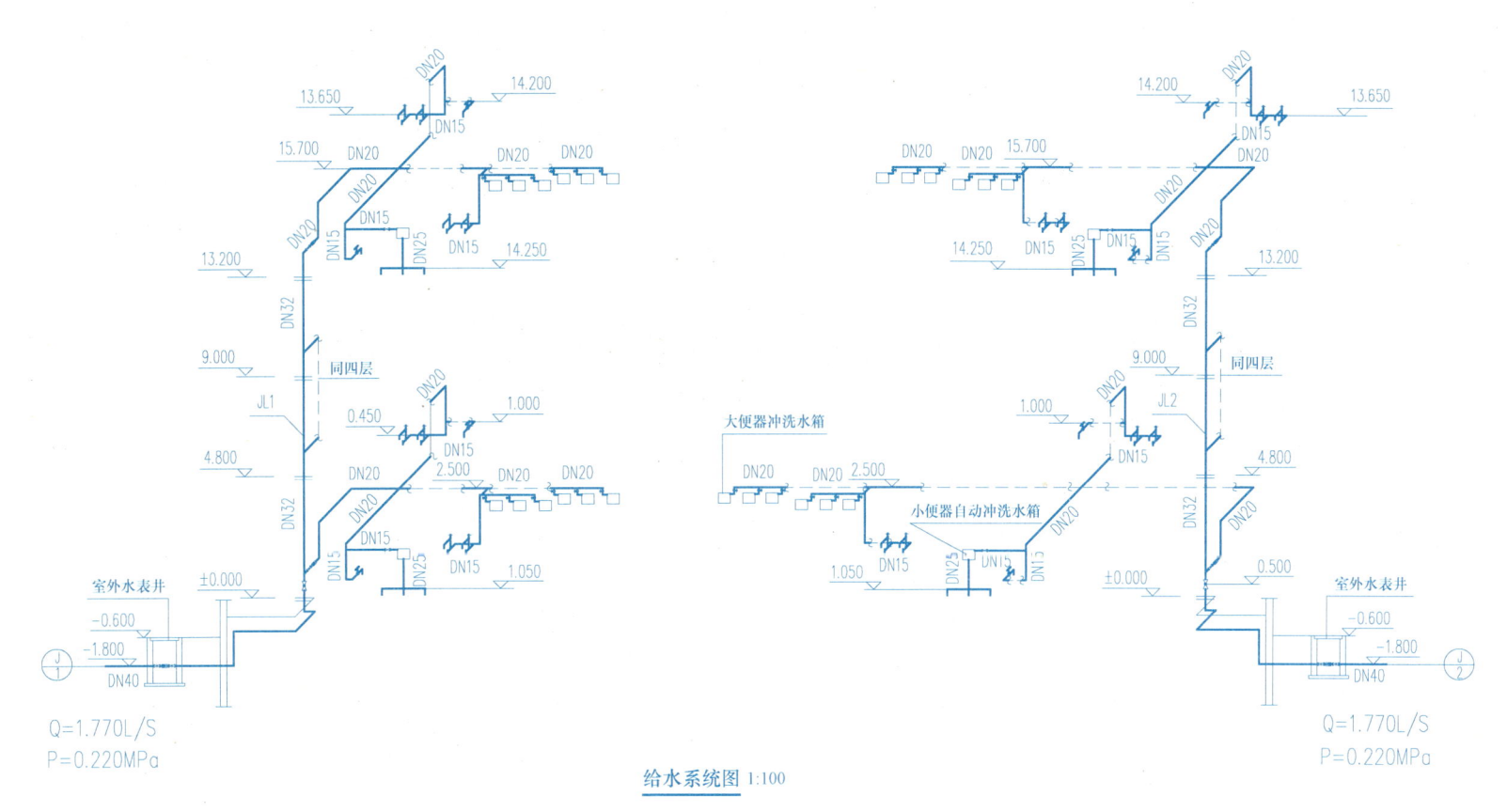

给水系统图 1:100

××工业园区办公楼一层排水平面图

一层排水平面图 1:100

班级　　　姓名

××工业园区办公楼二层~四层排水平面图

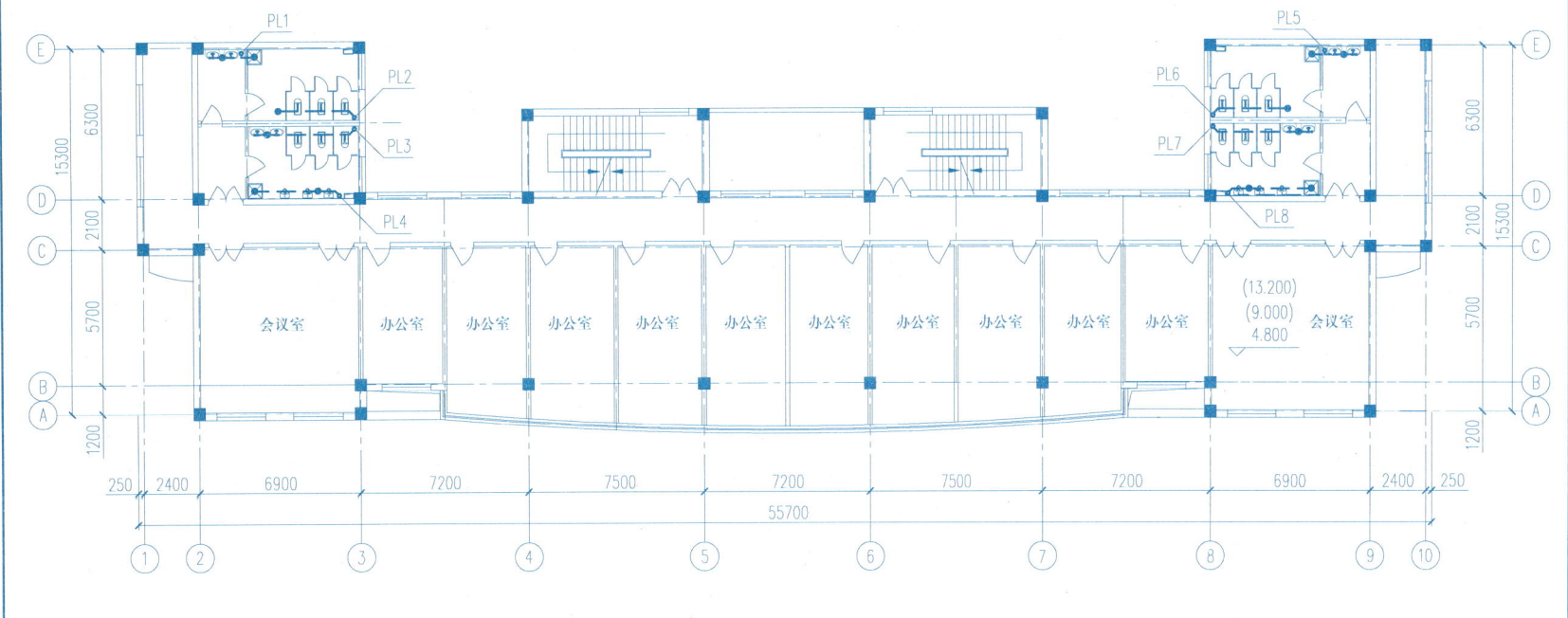

二~四层排水平面图 1:100

班级　　　　姓名

××工业园区办公楼排水系统图（一）

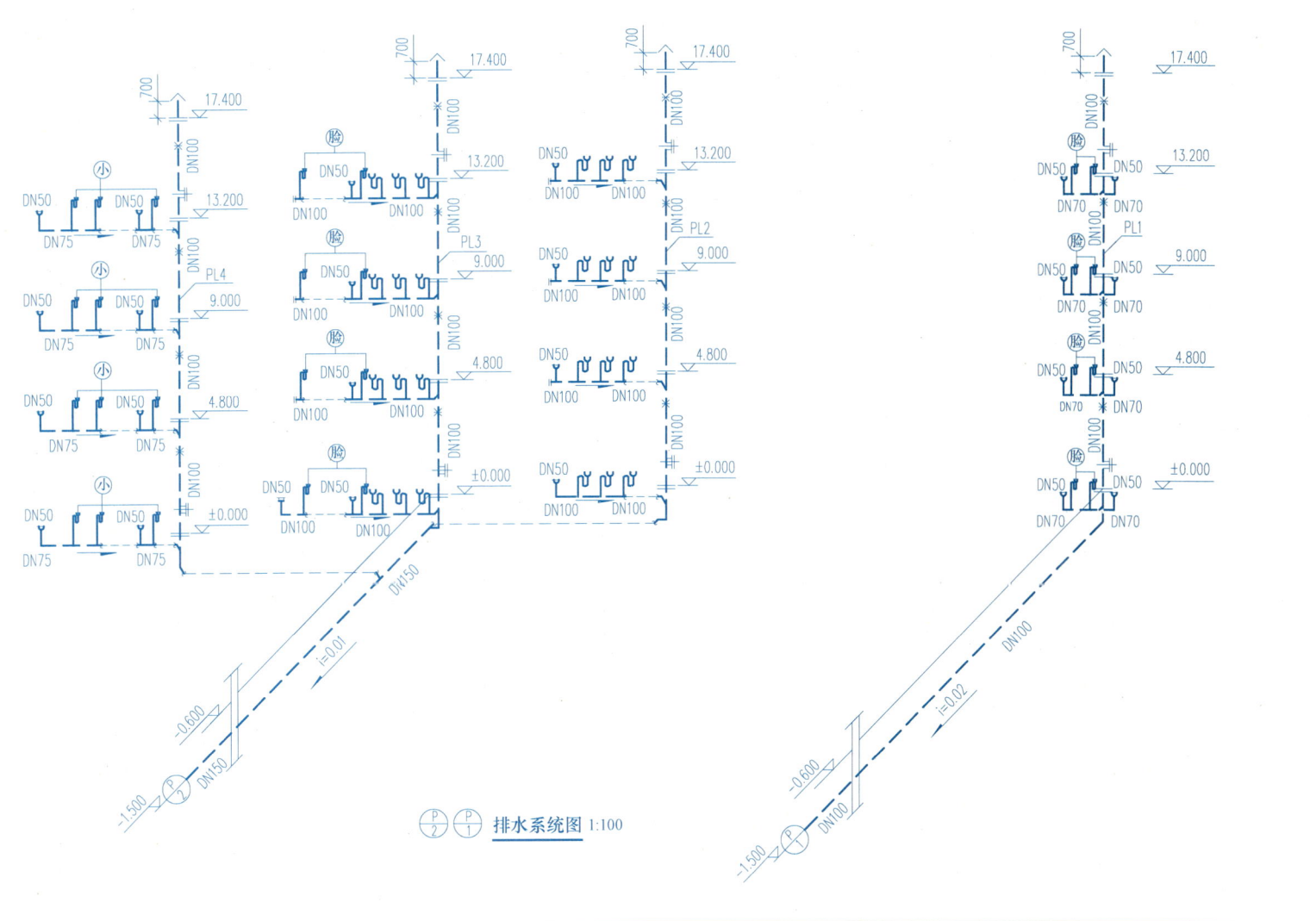

××工业园区办公楼排水系统图（二）

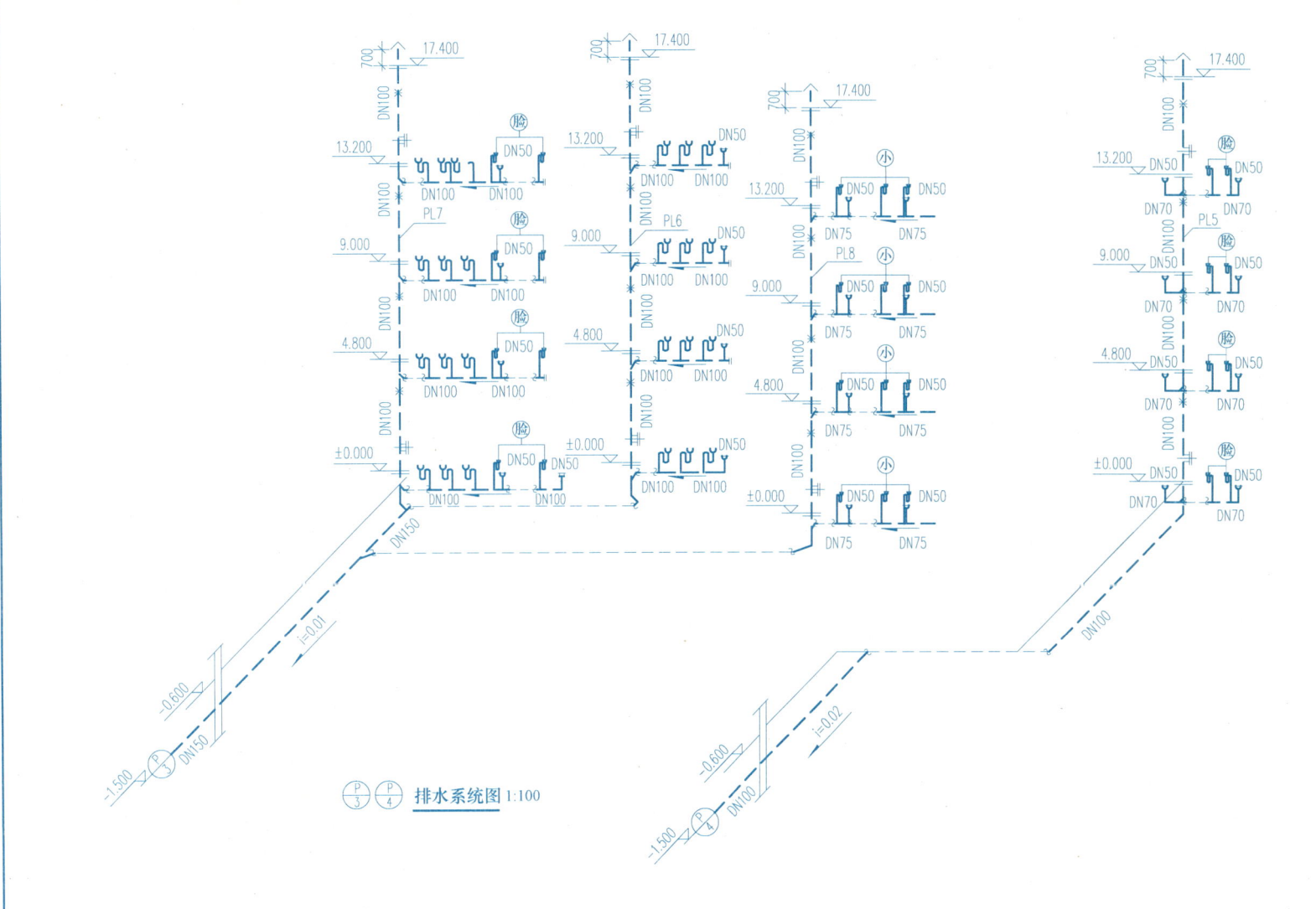

排水系统图 1:100

4.2 采暖施工图

××工业园区办公楼一层采暖平面图

一层采暖平面图 1:100

注：共需散热器2424片

××工业园区办公楼二层采暖平面图

二层采暖平面图 1:100

班级　　　　姓名

××工业园区办公楼三层采暖平面图

三层采暖平面图 1:100

××工业园区办公楼四层采暖平面图

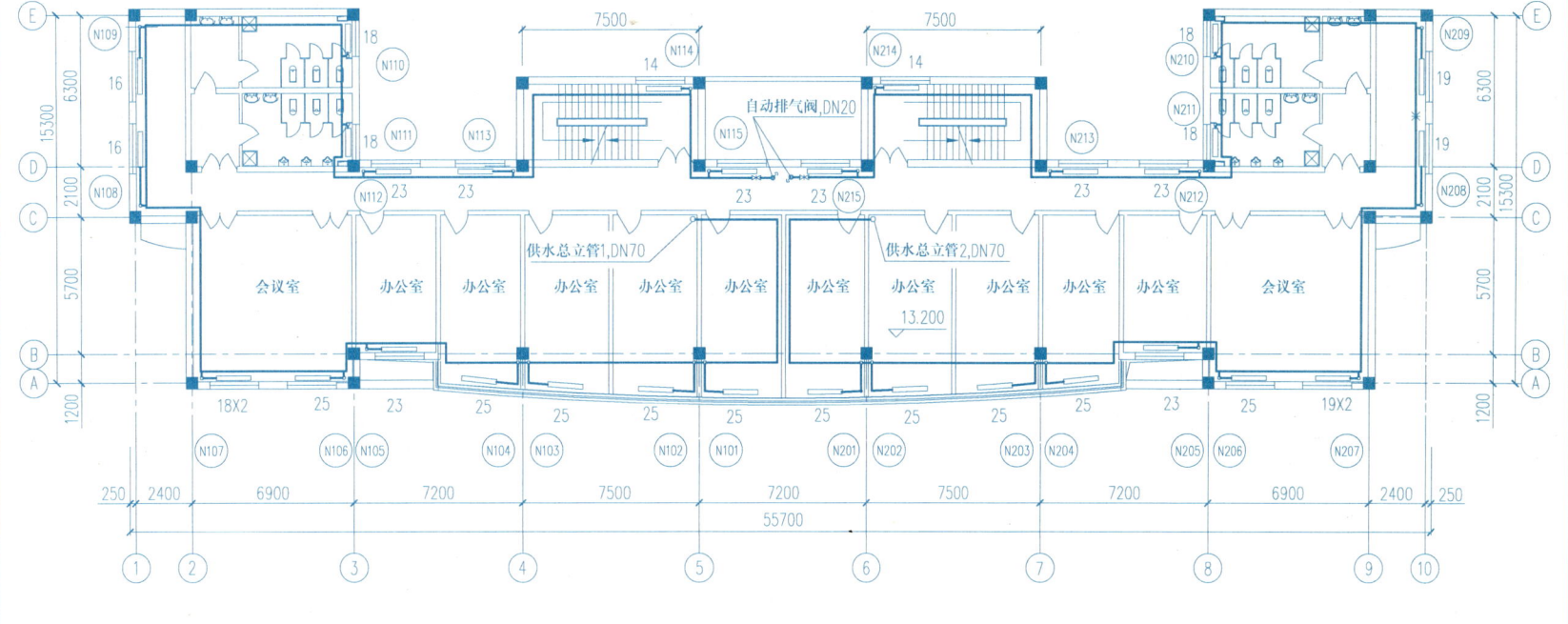

四层采暖平面图 1:100

××工业园区办公楼采暖系统图(一)

采暖系统图(一) 1:100

××工业园区办公楼采暖系统图（二）

采暖系统图（二） 1:100

4.3 建筑电气施工图   2号库房一层电气施工图的阅读

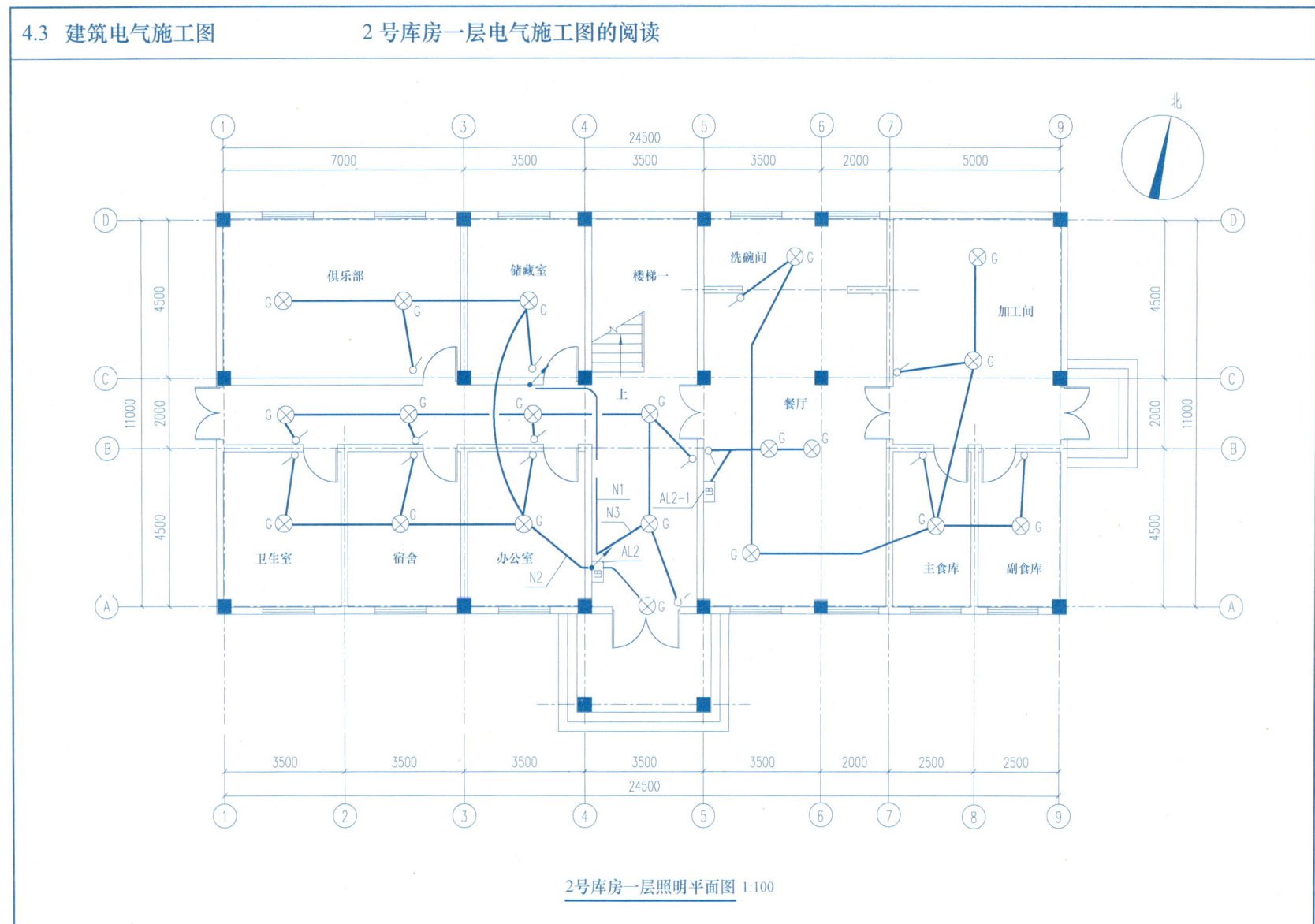

2号库房一层照明平面图 1:100

班级   姓名

2号库房二层电气施工图的阅读

2号库房二层照明平面图 1:100

2号库房电气系统图的阅读

回路编号	断路器	电缆规格	相线	用途	功率
N1	iC65N-C16A/1P	ZRBVV-3X2.5-SC20-WC/CC	A,N,PE	应急照明	0.5KW
N2	iC65N-C16A/1P	ZRBVV-3X2.5-PC20-WC/CC	B,N,PE	一层照明	0.5KW
N3	iC65N-C16A/1P	ZRBVV-3X2.5-PC20-WC/CC	C,N,PE	一层照明	0.5KW
N4	iC65N-C16A/1P	ZRBVV-3X2.5-PC20-WC/CC	A,N,PE	二层照明	0.5KW
N5	iC65N-C16A/1P	ZRBVV-3X2.5-PC20-WC/CC	B,N,PE	二层照明	0.5KW
N6	iC65N-C16A/1P	ZRBVV-3X2.5-PC20-WC/CC	C,N,PE	二层照明	0.5KW
VE30mAN7	iC65N-C16A/2P	ZRBVV-3X4-PC25-WC/CC	A,N,PE	一层插座	1KW
VE30mAN8	iC65N-C16A/2P	ZRBVV-3X4-PC25-WC/CC	B,N,PE	一层插座	1KW
VE30mAN9	iC65N-C16A/2P	ZRBVV-3X4-PC25-WC/CC	C,N,PE	弱电配线箱	1KW
VE30mAN10	iC65N-C16A/2P	ZRBVV-3X4-PC25-WC/CC	A,N,PE	空调插座	1KW
VE30mAN11	iC65N-C16A/2P	ZRBVV-3X4-PC25-WC/CC	B,N,PE	空调插座	1KW
VE30mAN12	iC65N-C16A/2P	ZRBVV-3X4-PC25-WC/CC	C,N,PE	空调插座	1KW
VE30mAN13	iC65N-C16A/2P	ZRBVV-3X4-PC25-WC/CC	A,N,PE	一层插座	1KW
VE30mAN14	iC65N-C16A/2P	ZRBVV-3X4-PC25-WC/CC	B,N,PE	一层插座	1KW
VE30mAN15	iC65N-C16A/2P	ZRBVV-3X4-PC25-WC/CC	C,N,PE	二层插座	1KW
VE30mAN16	iC65N-C16A/2P	ZRBVV-3X4-PC25-WC/CC	A,N,PE	二层插座	1KW
VE30mAN17	iC65N-C16A/2P	ZRBVV-3X4-PC25-WC/CC	B,N,PE	空调插座	1KW
VE30mAN18	iC65N-C16A/2P	ZRBVV-3X4-PC25-WC/CC	C,N,PE	空调插座	1KW
VE30mAN19	iC65N-C16A/2P	ZRBVV-3X4-PC25-WC/CC	A,N,PE	空调插座	1KW
N20	iC65N-C63A/3P	ZRYJV-5X16-PC40-WC/CC	A,B,C,N,PE	热水器插座 厨房-厨房 AL2一厨房	30KW
VE30mA	iC65N-C16A/2P		B,N,PE	备用	
	NSX160F/TM125D/125D/4P	I级试验SPD, (i)PRF1 12.5r Iimp≥12.5kA(10/350μs),Up≤2.5 kV			

AL2（配电总箱）
Pe=50kW
Kx=0.8
Cosφ=0.85
Ij=71.5A

DT862-15(60)A
Vigi NSX100N/80A/ePi
t=0.5s 300mA
带隔离功能
Wh

YJV02-4X35-FC
引自低压配电房
进线处作重复接地

2号库房照明系统图

参考文献

[1] 王子茹. 房屋建筑识图 [M]. 北京：中国建材工业出版社，2000.

[2] 王子茹，黄红武. 房屋建筑结构识图 [M]. 北京：中国建材工业出版社，2001.

[3] 王子茹. 房屋建筑设备识图 [M]. 北京：中国建材工业出版社，2001.

[4] 王子茹，贾艾晨. 画法几何及工程制图 [M]. 北京：人民交通出版社，2001.

[5] 王子茹，贾艾晨. 画法几何及工程制图习题集 [M]. 北京：人民交通出版社，2001.

[6] 成都科技大学工程画教研室. 画法几何及水利工程制图习题集 [M]. 成都：四川科学技术出版社，1986.

[7] 王子茹，黄红武. 现代阴影透视学习题集 [M]. 北京：高等教育出版社，2004.

[8] 杨景芳. 建筑水暖工程 [M]. 大连：大连理工大学出版社，1999.

[9] 中国建筑标准设计研究院. 房屋建筑制图统一标准（GB/T 50001—2010）. 北京：中国计划出版社.

[10] 中国建筑标准设计研究院. 建筑制图统一标准（GB/T 50104—2010）. 北京：中国建筑工业出版社.

[11] 中国建筑标准设计研究院. 建筑结构制图标准（GB/T 50105—2010）. 北京：中国建筑工业出版社.

[12] 中国建筑标准设计研究院. 国家建筑标准设计图集（11G101—1）. 北京：中国计划出版社.

[13] 中国建筑标准设计研究院. 总图制图标准（GB/T 50103—2010）. 北京：中国计划出版社.

[14] 中国建筑标准设计研究院. 建筑给水排水制图标准（GB/T 50106—2010）. 北京：中国建筑工业出版社.

[15] 中国建筑标准设计研究院. 暖通空调制图标准（GB/T 50114—2010）. 北京：中国建筑工业出版社

[16] 中国建筑标准设计研究院. 建筑电气制图标准（GB/T 50786—2012）. 北京：中国计划出版社.